孫　銀植著

現代会計の国際化

東京　森山書店　発行

は　し　が　き

　現代会計の国際化とは，いかなる会計現象であるのか。とりわけ，国際会計基準と各国の会計制度とは，どのような関係にあるのか。本書は，このような課題の解明を通じて，「会計とは何か」を考察するものである。

　現代会計の国際化現象とは，国際的な会計制度の構築ということであるが，具体的には，国際会計基準（IAS）の各国会計制度への浸透を意味する。現在，この過程が急速に進行しているといわれているが，しかし，会計の現実の世界では果たしてそうであろうか，というのが第一の疑問である。そして第二の疑問は，国際会計基準を論ずる場合に，なぜ同時に各国会計制度の特徴と現状を斟酌しないのであろうか，ということである。このような疑問に答えようとしたのが，本書の内容である。

　本来各国の会計制度は，その国の風土，歴史，文化に根づいた制度的なものであるから，その変更は容易なことではない。現代会計の国際化の急速な進展にもかかわらず，各国独自の会計制度の根深い存立という現状が，それを示していると思われる。

　私が会計学に関心を抱くことになったのは，名古屋大学大学院経済学研究科において可児島俊雄教授に指導をいただいたときに始まる。修士論文では，会計手続きに多くの会計方法又は会計方針が存在していることに問題意識を持ち，「会計処理方法の多様性と選択の重要性」をテーマとした。これが，私の研究の端緒であった。会計規範について研究しているなかで，会計制度，会計原則が多くの会計方法を生み出し，選択の余地を残しているという点に関心を持ち，会計方法を狭めるための国際的な動向やそれに対する反応等を辿っていった。

　そうしたなかで，各国の会計基準は国際会計基準を中心に国際的調和化また

は統一化との関連から論じられていることに気付かされた。以来、各国の会計基準を統一したIASを作成することは可能か、という疑問を抱くことになった。この問題に対する解答を得るためにも、各国の会計制度・会計基準を研究する必要を感じた。そうした研究なしには、各国の会計基準を国際的に調和化ないし統一化するということは困難であると考えたからである。

　そこで、実際に定められている会計基準と、それに従って実行される会計実務との関係を研究するための具体的なテーマとして選んだのが「リース取引の実態と会計処理方法に関する研究」であった。一連の研究は、名古屋大学において飯田穆先生の指導のもとで完成した博士論文として纏めることになった。この論文では、韓国及び日本のリース取引の実態を分析し、同時にIAS及びアメリカのリース会計基準と対応させながら韓国及び日本のリース会計基準の特徴と問題点を明らかにした。

　以上のような経緯によりこれまでの研究成果を纏めたのが本書であり、その内容は次のⅢ部から成り立っている。

　第Ⅰ部「会計制度の国際化」は、急速に変化している国際会計基準を含め各国（日本、韓国、シンガポール）の会計制度の国際化の現状を紹介した。

　第Ⅱ部「会計方法選択に関する考察」は、各国におけるそれぞれの現状に至るまでに、会計処理において中心的問題とされ、議論されてきたことはなにか、すなわち、現代会計が抱えている根本的な問題点について書いたものである。

　第Ⅲ部「リース会計の現状と国際化」は、国際化の議論が継続している会計処理方法の中で、リース取引についての各国での会計処理は、どこまでグローバル化されてきているのか、IASにおけるリース会計基準は各国のリース会計基準をどこまで改善しているのか、といった課題を取り上げた。特に、日本と韓国とを対比させながら、両国におけるリース取引とその会計処理の実態を明らかにし、両国の会計実務におけるリース会計基準の問題点を解明すると共に、その改善の方向を国際化の視点から探求した。

本書を刊行することができたのは，私が学生として大阪産業大学に留学していた時から常に変わらぬ温かい気持ちで見守り，なにからなにまで指導をいただいた恩師遠藤一久先生（大阪産業大学名誉教授）のお蔭である。この場をお借りして深く感謝申し上げたい。また，これまでの研究教育活動においても，多くの先生方に指導及び支援をいただいた。現在勤務する大阪産業大学では，石原肇教授から会計制度の性質について教示をいただき，中西基教授には商法，税法について有益な助言をいただいた。さらに，名古屋大学の大学院生時代の指導教官である可児島俊雄先生及び飯田穆先生，また，友杉芳正先生（現早稲田大学教授）と野口晃弘先生をはじめ諸先生方の学恩に対し，改めて謝意を表する次第である。更に，祖国韓国からの留学生の大先輩である名古屋外国語大学の権泰殷先生にも公私にわたり指導いただいた。これらの諸先生方の暖かなるお力添えが無ければ本書の上梓は実現しなかったであろう。

　そして，私が日本へ留学してから家族以上に温かく見守り，指導及び支援をいただいている東山時一氏及び御家族様にも心より感謝申し上げたい。

　最後に，本書の刊行を快くお引き受け下さり，適切な助言とご協力をいただいた森山書店の菅田直文社長に心から厚くお礼申し上げる。

2006年3月

孫　銀　植

目　次

序　論 …………………………………………………………………… *1*

第1部　会計制度の国際化

第1章　国際会計基準の現状 ……………………………………… *7*
　　は じ め に ………………………………………………………… *7*
　第1節　IASCの目的 ………………………………………………… *8*
　第2節　IASCの変遷 ………………………………………………… *8*
　　1　草　創　期 ……………………………………………………… *8*
　　2　転　換　期 ……………………………………………………… *10*
　　3　IASBの設立期 ………………………………………………… *10*
　第3節　IASCとIASB ……………………………………………… *11*
　　1　IASBの組織構造 ……………………………………………… *11*
　　2　IASCとIASBの比較 ………………………………………… *12*
　第4節　IASの特徴と構成 ………………………………………… *13*
　　1　IFRSとの関係 ………………………………………………… *13*
　　2　特　　　徴 ……………………………………………………… *15*
　　3　構　　　成 ……………………………………………………… *17*
　第5節　財務諸表の概念フレームワーク ………………………… *19*
　　1　目　　　的 ……………………………………………………… *19*
　　2　利用者と利用者の情報要求 …………………………………… *20*

　　　　3　フレームワークの概要 …………………………………………… *21*
　　　　4　財務諸表の構成要素 …………………………………………… *24*
　　　お わ り に ………………………………………………………………… *26*
　第2章　日本の会計制度 ………………………………………………… *29*
　　　は じ め に ………………………………………………………………… *29*
　　第1節　会計制度の変遷 …………………………………………………… *30*
　　　　1　商法中心の企業会計制度 ……………………………………… *30*
　　　　2　日本最初の財務諸表作成基準 ………………………………… *30*
　　　　3　企業会計原則の公表 …………………………………………… *31*
　　　　4　会計制度の大変革期 …………………………………………… *32*
　　第2節　会計制度の特徴 …………………………………………………… *33*
　　　　1　会計制度と会計原則 …………………………………………… *33*
　　　　2　トライアングル体制 …………………………………………… *34*
　　第3節　会計制度の国際化 ………………………………………………… *36*
　　　　1　日本版FASBとASBの誕生 …………………………………… *36*
　　　　2　ASBにおけるリース会計基準の検討 ………………………… *39*
　　　お わ り に ………………………………………………………………… *41*
　第3章　韓国の会計制度 ………………………………………………… *43*
　　　は じ め に ………………………………………………………………… *43*
　　第1節　会計制度の変遷 …………………………………………………… *43*
　　第2節　会計制度の枠組 …………………………………………………… *46*
　　　　1　法　　　令 ……………………………………………………… *46*
　　　　2　企業会計基準 …………………………………………………… *46*
　　第3節　会計制度の変革 …………………………………………………… *47*
　　　　1　会計制度変革の経緯 …………………………………………… *47*
　　　　2　新会計設定機関の誕生 ………………………………………… *48*

第4節　会計制度変革の成果と課題……………………………… 52
　　　1　結合財務諸表導入の根拠 ………………………………… 52
　　　2　結合財務諸表における期待と課題 ……………………… 56
　　お わ り に……………………………………………………… 57

第4章　シンガポールの会計制度……………………………………… 61
　第1節　会計制度の変遷………………………………………………… 61
　第2節　会 計 規 制 ……………………………………………………… 64
　　　1　会計基準の設定主体 ……………………………………… 64
　　　2　会 計 基 準 …………………………………………………… 65
　第3節　財 務 報 告 ……………………………………………………… 66
　　　1　財務諸表の体系 …………………………………………… 66
　　　2　財務諸表の様式 …………………………………………… 66
　第4節　会 計 監 査 ……………………………………………………… 67
　　　1　会計監査制度 ……………………………………………… 67
　　　2　会 計 士 制 度 ……………………………………………… 68
　第5節　今 後 の 展 望…………………………………………………… 68

第2部　会計方法選択に関する考察

第1章　会計方法選択の重要性と多様性……………………………… 73
　　は じ め に……………………………………………………… 73
　第1節　会計方針選択の理論的枠組…………………………………… 73
　　　1　会計の認識対象と会計規範 ……………………………… 73
　　　2　会計測定と会計報告における制約要因 ………………… 74
　　　3　「一般原則」相互間の関連の多様性 …………………… 76
　第2節　会計理論と会計方法選択の重要性…………………………… 78
　　　1　会計理論と会計方法選択の問題 ………………………… 78

2　エージェンシー理論と企業の会計選択 ……………………………… *79*
　　　3　経営者の会計選択とインセンティブ ………………………………… *81*
　　第3節　会計方法と選択の多様化………………………………………………… *83*
　　　1　棚卸資産の評価方法と選択の多様化 ………………………………… *83*
　　　2　減価償却方法の選択の多様化 ………………………………………… *87*
　　お わ り に ……………………………………………………………………… *89*

第2章　会計方法の国際化………………………………………………………………… *93*
　　は じ め に ……………………………………………………………………… *93*
　　第1節　会計方法における多様性の要因……………………………………… *94*
　　　1　会計環境の多様性 ……………………………………………………… *94*
　　　2　会計思考の多様性 ……………………………………………………… *96*
　　第2節　会計方法の多様性と問題点…………………………………………… *98*
　　　1　国内おける多様性と国際的多様性 …………………………………… *98*
　　　2　多様性の問題点 ………………………………………………………… *99*
　　第3節　国際的統一化への方向………………………………………………… *100*
　　　1　厳格な統一性と限定的統一性 ………………………………………… *100*
　　　2　限定的統一性の条件 …………………………………………………… *104*
　　お わ り に ……………………………………………………………………… *106*

第3部　リース会計の現状と国際化

第1章　リース会計処理方法の基本問題…………………………………………… *111*
　　は じ め に ……………………………………………………………………… *111*
　　第1節　リースの定義…………………………………………………………… *111*
　　第2節　リース取引の資産化論………………………………………………… *113*
　　　1　資産化の否定論 ………………………………………………………… *114*
　　　2　資産化の肯定論 ………………………………………………………… *115*

3　ファイナンス・リースの認識基準 ……………………………… *117*
　第3節　リース会計処理方法と報告利益への影響 ……………………… *119*
　　　1　ファイナンス・リースの会計処理方法 ………………………… *120*
　　　2　オペレーティング・リースの会計処理方法 …………………… *123*
　　　3　会計処理方法の選択と報告利益への影響 ……………………… *124*
　　お　わ　り　に ……………………………………………………………… *125*

第2章　リース取引の実態と特徴 ……………………………………………… *127*
　　は　じ　め　に ……………………………………………………………… *127*
　第1節　リース産業の発展過程 …………………………………………… *127*
　　　1　日本における発展過程 …………………………………………… *127*
　　　2　韓国における発展過程 …………………………………………… *129*
　第2節　リース取引の会計規制 …………………………………………… *131*
　　　1　日本リース取引の会計規則 ……………………………………… *131*
　　　2　韓国リース取引の会計規則 ……………………………………… *132*
　第3節　リース取引の特徴 ………………………………………………… *134*
　　　1　日本におけるリース取引の特徴 ………………………………… *134*
　　　2　韓国におけるリース取引の特徴 ………………………………… *138*
　　お　わ　り　に ……………………………………………………………… *141*

第3章　リース分類基準の国際的特徴と問題点 …………………………… *145*
　　は　じ　め　に ……………………………………………………………… *145*
　第1節　リース分類基準と特徴 …………………………………………… *146*
　　　1　IAS及びアメリカ ………………………………………………… *146*
　　　2　日　　本 …………………………………………………………… *149*
　　　3　韓　　国 …………………………………………………………… *151*
　第2節　リース分類基準の問題点 ………………………………………… *152*
　　　1　日本における問題点とその検討 ………………………………… *152*

2　韓国おける問題点とその検討 …………………………………… *154*
　　おわりに ……………………………………………………………… *155*
第4章　リース会計基準適用上の問題 …………………………………… *159*
　　はじめに ……………………………………………………………… *159*
　第1節　リース利用者側の会計処理基準 ……………………………… *159*
　　1　ファイナンス・リースの会計処理基準 ………………………… *159*
　　2　オペレーティング・リースの会計処理基準 …………………… *162*
　第2節　リース会社側の会計処理基準 ………………………………… *163*
　　1　ファイナンス・リースの会計処理基準 ………………………… *163*
　　2　オペレーティング・リースの会計処理基準 …………………… *165*
　第3節　リース会計基準適用上の問題点とその検討 ………………… *166*
　　1　日　　本 …………………………………………………………… *166*
　　2　韓　　国 …………………………………………………………… *170*
　　おわりに ……………………………………………………………… *174*
第5章　リース会計基準の税務上の課題 ………………………………… *177*
　　はじめに ……………………………………………………………… *177*
　第1節　リース取引と節税効果 ………………………………………… *177*
　第2節　レバレッジド・リースの特徴と構造 ………………………… *179*
　第3節　リース取引の節税効果と税務上の取扱い …………………… *182*
　　おわりに ……………………………………………………………… *186*
索　引 ………………………………………………………………………… *189*

序　論

　本書の内容は，「はしがき」でも言及したように，第1部「会計制度の国際化」，第2部「会計方法選択に関する考察」，第3部「リース会計の現状と国際化」の3部から構成されている。
　会計の国際化とは国際的な会計制度の構築を意味するが，具体的には，各国会計制度へのIASの浸透を意味する。IASは，近年における企業活動と資本市場のグローバル化に対応し，世界的に承認され遵守されるべき財務会計基準として設定された。その設定主体である国際会計基準委員会（IASC）の役割は，2001年の組織構成の再編により新しく設立された国際会計基準審議会（IASB）に引き継がれた。IASBは従来のIASの改定及び新しい国際財務報告基準（IFRS）の設定をとおして国際会計基準（IAS）のグローバル化を推進している。
　本書で各国の会計制度への国際会計基準の浸透を考察する第一歩として，第1部第1章「国際会計基準の現状」において現行の国際会計基準の特徴が整理された。そこでは，各国基準の統一化に向けての国際会計基準の整備の過程を跡づけると共に，国際会計基準の作成，改訂の理論的基礎となった概念フレームワークの内容の整理がなされた。第2章「日本の会計制度」，第3章「韓国の会計制度」，第4章「シンガポールの会計制度」では，それぞれの国の会計制度の現状，変遷の過程を整理し，IASによる統一化がこれらの国の会計基準にどの程度に浸透しているかを検討した。各国の会計基準の国際会計基準への調和化の段階は，今日，国際会計基準による各国会計基準の統一化の段階にあ

ると言える。しかしながら，各国の会計基準はそれぞれの国々の歴史，文化，風土を基盤とし固有の特徴をもち，その変容はかならずしも容易ではない。国際会計基準による統一化の一層の進展が期待されると同時に，国際会計基準における会計方法の各国での選択的適用の容認が不可欠な側面も存在する。

第2部第1章「会計方法選択の重要性と多様性」では，エージェンシー理論等に基づき，経営者による会計方法選択の動機づけの過程を分析すると共に，各国における会計方法選択の多様性を認識し，アメリカ，イギリス，韓国，日本について，棚卸資産評価と減価償却に係わる会計基準にみられる会計方法選択の多様性を検討している。第2章「会計方法の国際化」では，会計方法における国際的多様性に影響を及ぼす諸要因，国際的多様性の問題点，会計方法の限定的統一化による国際化の方向等が検討される。限定的統一性の概念は，異なる状況の下での異なる会計方法の適用を容認する。

第3部「リース会計の現状と国際化」では，考察対象をリース会計に絞り，各国のリース取引の会計処理に係わる会計基準の現状を分析整理すると共に，その国際的統一化への方向を検討する。リース取引はその契約の実質的内容の違いによりファイナンス・リースとオペレーティング・リースとに大別され，リース取引の経済的実質に応じて，ファイナンス・リースには売買処理が，オペレーティング・リースには賃貸借処理が適用されねばならない。日本及び韓国においては，リース取引の多くがファイナンス・リースとしての性質をもつにも拘わらず，その会計処理は賃貸借処理によるものが多い。両国におけるリース取引の実態とリース会計実務との乖離の大きな原因は両国のリース会計基準（分類基準及び処理基準）の不充分さにある。本書第3部は，ことに日本と韓国について，リース取引の実態分析に基づきその特徴を明らかにし，IAS，アメリカ，日本，韓国のリース会計基準を比較検討しながら，リース取引の実態により適合するリース会計基準のあり方を探求する。

第1章「リース会計処理方法の基本問題」では，リースの定義とリース取引のオンバランス化に係わる諸見解を整理し，ファイナンス・リースの認識基準の検討をとおしてリース会計情報のもつ意味を考察した。

第2章「リース取引の実態」では，第3章，第4章での日本及び韓国のリース会計基準の比較分析のための予備的分析として，日本と韓国におけるリース産業の発展過程及び関連基準を検討し，そこにみられるリース取引に係わる経済的・制度的環境を背景とする両国のリース取引の実態とその特徴がリース統計資料等に基づいて分析された。

　第3章「リース分類基準の国際的特徴と問題点」では，経済的実質上でのファイナンス・リースが賃貸借処理される会計実務を容認する日本及び韓国のリース分類基準の問題点を解明することを課題として，IAS及びアメリカの基準と対比させながら，日本及び韓国のリース分類基準の特徴を比較検討した。

　第4章「リース会計処理基準適用上の諸問題」では，アメリカ，日本，韓国のリース会計処理基準について，リース利用者側とリース会社側とに分け，ファイナンス・リースとオペレーティング・リースの会計処理方法を検討し，日本と韓国の処理基準の特徴をアメリカとの対比により明らかにし，両国のリース会計実務への処理基準適用上の固有の問題を分析した。

　第5章「リースの税務上の課題」では，リースの節税効果が分析される。リース取引の経済的実質に応じて賃貸借取引と売買取引とを区別して取り扱う場合，その会計処理も異なり，法人税の対象となる課税所得の大きさが左右される。賃貸借処理による節税効果はリース取引の一般的特徴であるが，大きな節税効果をもたらすリース形態としてレバレッジド・リースがある。レバレッジド・リースはレッサーとレッシーとの間に長期資本の貸与者が介在する形態であり，大口のリース契約に利用される。本章では，レバレッジド・リースの節税効果の特徴とその実務上の取扱及びその問題点の検討がなされる。

第1部　会計制度の国際化

第1章　国際会計基準の現状

はじめに

　国際会計基準（International Accounting Standards：IAS）とは，「世界的に承認され遵守される」ことを目的とした財務会計基準である。IASは企業の経済活動が国際的に広がるなかで世界で比較可能な財務諸表を作成し高品質で透明性のある会計基準の設定を目的としている。IASは，国際会計基準委員会（International Accounting Standards Commitee：IASC）によって設定された。しかし，2001年，IASCの組織構成の再編によって国際会計基準審議会（Internationa Accounting Standards Board：IASB）が生まれ，IASCの役割が引き継がれることになった。IASBはIASCの中心的役割を果たしており，さらに，IASと呼ばれた会計基準を国際財務報告基準（International Financial Reporting Standards：IFRS）の名称に変え，会計基準のグローバル化を目指している。IASがIFRSとなっても，改訂されていないIASはそのまま有効な基準として使用されている。国際的組織である世界貿易機関（World Trade Organization：WTO）や証券監督者国際機構（International Organization of Securities Commissions：IOSCO）等も資本市場の国際化を推進しながら会計基準の国際的標準化を促進している。各国も資本市場の国際的統合に積極的に参加しながら会計基準の国際化または標準化を促進している。

　本章はこのような国際会計基準の変化していく過程と現状を把握し，国際会計基準のグローバルスタンダードとしての意義を考察すると共に，IASCとIASB及びIASとIFRSとの関係を明らかにし，また，IASの作成・改訂の理論

的基礎となっている概念フレームワークの内容を整理することを課題とする。

第1節　IASCの目的

　IASCは1973年に9カ国と各国の16職業会計士団体の合意に基づき設立された。その設立メンバーは，イギリス，オーストラリア，オランダ，カナダ，旧西ドイツ，日本，アメリカ，フランス，メキシコの9か国であり，16の公認会計士団体の合意に基づいて設立されたプライベートセクターの機関である。IASCの目的には次の3つがある[1]。

(a) 公共の利益のために，高品質の，理解可能で，かつ実施可能な単一の国際的な会計基準を策定すること。その基準は，世界の資本市場参加者およびその他の利用者が適切な経済的意思決定を行うことに役たつように，財務諸表及びその他の財務報告において高品質で，透明で，比較可能な情報を要求する。

(b) それらの会計の利用と厳格な適用を促進すること。

(c) 各国の国内会計基準と国際会計基準の高品質解決策への統合（convergence）をもたらすこと。

　上記の目的の中で「統合」はIASCがそれまで目指していた調和化とは異なり，世界が単一の会計基準を適用することを意味している。このような会計基準の世界標準化が目指される背景には，証券市場のグローバル化を中心としたグローバル資本主義の形成がある。

第2節　IASCの変遷

1　草　創　期

　IASCは設立メンバーが職業会計士団体で，プライベートセクターの機関であったためその法的強制力は殆どなかった。会計基準の国際的な調和化を目指していたIASCは法的強制力をもたなかった理由から1973年の設立当初から

1980年代前半までは,その存在感は世界的に殆ど注目されなかった。

設立当初から4年間9カ国のみでの創立メンバーでIASCは合意書,定款,趣意書にしたがって運営され,さらに会計基準を設定する過程には正会員のみが参加していた。しかし,1977年10月に合意書をはじめとする諸改訂がなされ,IASCの設立目的は「公共の利益のために,世界で承認される会計基準を作成し,各国において現在採用されている多種多様な会計諸基準,会計諸方針を可能な限り調和化すること」とされた。各会員は,監査人の責務をもってこの目的を実現することに合意した。

1977年,世界の公認会計士団体である世界会計士連盟(International Federation of Accountants：IFAC)が会計業務国際協調委員会(International Coordination Committee for the Accountancy Profession：以下,ICCAP)を発展的に解消させて新たに設立された。IFACの目的は会計士団体による国際的協力と会計システムの標準化である。IFACは国際監査に主な関心をもっているが,会計教育・倫理・管理会計等にも関心をもっている。IFACは国際監査実務委員会(International Auditing Practices Committee)を通じ,国際監査に対するガイドラインを設定し,5年ごとに国際会計士評議会を組織する。

1981年理事会はIASCの目的達成およびその評価を高めるための一つの手段として,会計士団体以外の利害関係者からIASについて意見を広く聴取するための諮問グループを発足させた。諮問グループの構成員としては,国際証券取引所連合,国際商工会議所,世界銀行,財務管理者協会国際連合,経済協力開発機構(OECD),国際連合(UN),多国籍企業センター,国際銀行協会,国際法曹家協会,IOSCO,国際金融会社(IFC),EC委員会,アメリカ財務会計基準審議会(FASB),国際会計研究学会(IAAER)などが加わっている[2]。

IASCはICCAPの組織の一部として設立されていたものであるから,IFACの発足と同時に,その位置づけは問題化されたが,IASCとIFACは協定を結ぶことによってその問題は解決された。すなわち,1983年1月1日IASC/IFAC Mutual Commitmentsとして両者の関係は確定した。その後,IFACはIASCの正式メンバーとなり,会計基準以外の監査基準,論理規定等の諸基準を作成し

公表している。

2 転換期

1987年3月,理事会は「財務諸表の比較可能性」起草委員会を発足しすでに公表していた基準の改定を行った。改訂は,1989年1月の公開草案第32号「財務諸表の比較可能性 (Comparability of Financial Statements)」の公表に始まり,これを基礎とした会計基準が次々と改訂された。従来まではプライベート・セクターのみで行われてきた起草委員会にIOSCOが参加することになった[3]。改訂作業へのIOSCOの参加はIASに法的強制力を持たせることとなり,なかなか国際的調和化がすすまないIASの性格を大きく転換させる機会となった。IOSCOは各国の証券市場監督機関から構成される公的部門の国際機関であり,各国の証券市場の規制当局が国際的協力を行うことを目的としている。監督機関はアメリカの証券取引委員会 (Securities Exchange Commission：以下,SEC),イギリスの証券投資委員会,日本の金融庁のような行政組織が中心で,ニューヨーク証券取引所や東京証券取引所のような民間組織も参加している。IOSCOは1993年に,財務諸表を作成するための最小限で必須の会計基準のグループとして,コア・スタンダードを指定した。「財務諸表の比較可能性」完成後,IASCは,IOSCOの一括承認を得るために,コア・スタンダード (Core Standard) の完成を急いだ。その最後の会計基準が「投資不動産」であり,IOSCOとIASCとの調整や合意を経て1999年にコア・スタンダードは完成した[4]。

3 IASBの設立期

2000年5月17日のIOSCOシドニー総会でコア・スタンダードは一括承認され,IASは会計の世界標準となった[5]。

2000年5月,7名から構成された指名委員会によって新体制発足にむけて評議員が選出されIASCの組織改革が行われた。

IASCは2001年から,民間国際組織から各国の会計基準設定機関の代表によ

って構成される国際機関へとその性格を転換させ，名称もIASBに変更した。すなわち，2001年1月25日新理事会メンバーが公表され同年4月よりIASBの活動が開始された。しかし，IASBとアメリカのFASBの基準に若干の相違が存在していた。その背後には英米の基準の相違もあるとされ，2002年9月IASBとFASBとの統合化を目指す共同会議が開催された。それによって会計基準の統合化が加速され，国際的に従来の調和化から統一化へと，世界標準化基準の性格がますます強くなったと言える。

　また，2001年，欧州委員会（European Commission）では，2005年までにすべての欧州連合（European Union：EU）で上場している企業にIASBの会計基準を使用するよう要求する法律を規定したと表明した。EUでは，2005年から地域内の上場会社の連結財務諸表の作成について，IASを強制適用することになった。

第3節　IASCとIASB

1　IASBの組織構造

　IASBの組織構造は図表1のようである。IASBは，評議会，解釈指針委員会（SIC），基準諮問委員会（SAC），起草委員会（SC）等の機関から独立した財団として設立された。評議会は，19名からなり様々な地理的背景及び出身母体をもつ個人により構成される。解釈指針委員会，基準諮問委員会のメンバーの指名，次期以降の評議員の指名，IASB活動の管理・監督，資金調達，予算承認，定款変更に対して責任を負う役割を担っている。IASBは，常勤12名と非常勤2名の計14名のメンバーにより構成され，IAS，公開草案等IASCのすべての専門的事項にわたって責任を負う基準設定主体である。解釈指針委員会は，12名からなる解釈指針設定のための委員会であり，解釈指針の草案，最終案の作成を行う。IAS及びIFRSの適用についての解釈を行い，IAS及びIFRSで具体的に取扱っていない財務報告事項について，IASBフレームワークの趣旨に沿ってタイムリーな指針を提供する。基準諮問委員会は評議会により指名さ

図表1　IASBの組織構造

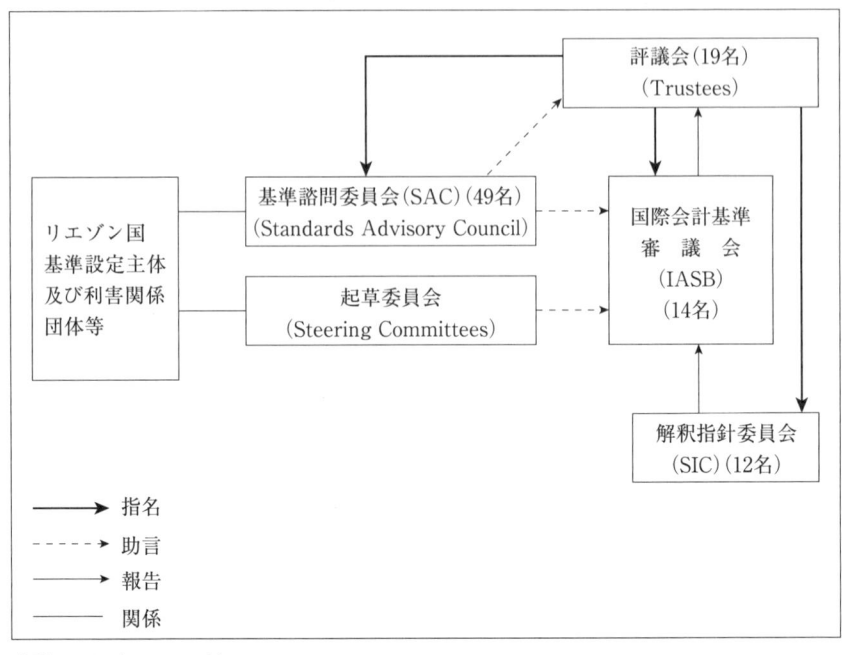

出所：IASBホームページ

れ，会計士団体，監督当局，学識経験者，国際機関，基準設定主体等様々な分野からの約30名のメンバーで構成される。基準諮問委員会の目的は，IASBに対して，優先順位と主要な基準設定プロジェクトに関する助言を行うことである[6]。

2　IASCとIASBの比較

IASC財団の統治は19人の評議員から成る評議会に委ねられていた。評議会の責任としては，組織の財源確保とともに，IASB並びに関連する諮問会議及び委員会のメンバーの指名があった[7]。

IASBは，2001年4月から活動を開始し，2001年11月には，趣意書の公開草案を公表し，2002年5月に最終趣意書が公表された。IASBが発行する基準は国際

図表2　IASCとIASBの比較

	IASC	IASB
創立年度	1973年	2001年
IAS	発行	採用または改訂
支援機関	IFAC（予算及び活動を支援）	IASC Foundation（各国を代表する19名の理事）
財団の統治	19人の評議会に委ねる	12名の常勤メンバーと2名の非常勤メンバーで構成
参加委員	オーストラリア，カナダ，アメリカ，イギリス，フランス，ドイツ，アイルランド，オランダ，メキシコ，日本の公認会計士団体代表によりその理事会が発足された。	オーストラリア，カナダ，フランス，ドイツ，イギリス，アメリカ，日本の公的会計基準制定機構の代表を含めて14名
後援組織	主にIFAC（公認会計士協会の支援）	各国の会計基準制定機構及び企業

財務報告基準（IFRS）となりIFRSとIAS基準全体は，国際財務報告基準（IFRSs）とよばれ区別される。

IASBの目的は，第1節で示したIASCの目的をそのまま継承している。

図表2はIASCとIASBを比較したものである。

第4節　IASの特徴と構成

1　IFRSとの関係

上記のように，2001年からIASBの活動開始にともない国際会計基準の設定主体はIASBへ変わり，従来の国際会計基準であるIASは，IFRSに変更されることになった。IFRSとは，IASBが採用した基準書及び解釈指針書をいう。

新しい基準として誕生したIFRSは2005年現在第1号から第5号までがある。IFRS第1号は，「国際財務報告基準の初度適用」であり，この基準書は，企業が最初のIFRS財務諸表においてどのようにIFRSへの移行を行うかを規定して

いる。さらに、IFRSに明確かつ完全に準拠している計算書を含む財務諸表をすでに発行している企業には適用されないとされている。また、IFRS第1号は、2004年1月1日以降に開始する年度で企業が初めてIFRSに準拠して作成する財務諸表から適用することを要求している[8]。

IFRSシリーズに規定される新しい基準書は、IFRS第2号「株式報酬」、IFRS第3号「企業結合」、IFRS第4号「保険契約」、IFRS第5号「売却目的で保有する固定資産及び廃止事業」である。

IFRS第3号は、契約日が2004年3月31日以降の企業結合の会計、及び当該企業結合から生じたのれんに適用する。IFRS第2号、4号、5号は、2005年1月1日以降に開始する年度に適用することが要求される[9]。IASB改善プロジェクトの目的は、選択肢や冗長性あるいは基準書との矛盾を削減または排除し、収斂に関する事項を取り扱いその他の改善を行うことであった。

IASBの改善プロジェクトの結果として以下の15のIASが改訂された。すなわち、改正後のIASは次の通りである[10]。

・IAS第1号「財務諸表の表示」
・IAS第2号「棚卸資産」
・IAS第8号「会計方針、会計上の見積もりの変更及び誤謬」
・IAS第10号「後発事象」
・IAS第16号「有形固定資産」
・IAS第17号「リース」
・IAS第21号「外国為替レート変動の影響」
・IAS第24号「関連当事者についての開示」
・IAS第27号「連結及び個別財務諸表」
・IAS第28号「関連会社に対する投資」
・IAS第31号「ジョイント・ベンチャーに対する持分」
・IAS第32号「金融商品:開示及び表示」
・IAS第33号「1株当たり利益」
・IAS第39号「金融商品:認識及び測定」

・IAS第40号「投資不動産」

　上記のIAS39号は,「金利リスクのポートファリオ・ヘッジに対する公正価値ヘッジ会計」に関するもので, 2004年3月に改正が行われた。

　これらの改訂IASは, 2005年1月1日以降に開始する年度に適用することが要求されている。

2　特　　徴

　IASでは概念的枠組に基づいて個別基準が設定されその個別規準の解釈について不明瞭な部分には解釈指針（Interpretation）が示されている。従って, IASとして実務に関係するのは, その基準書（IAS）だけではなく解釈書も含まれる[11]。SICは, 各国で独自の解釈によりIASやIFRSを適用し, 結果として各国ごとに異なるまたは不適切な取り扱いがなされることを避ける目的で設置され指針の公表が進められている[12]。なお, 旧IASは同一の会計事象または類似の会計取引に対して多くの会計処理選択肢を認めていた。それに対して, 1987年に開始された「財務諸表の比較可能性プロジェクト」は, 多様な選択肢をなくし, できるだけ1つの会計処理方法を認めることを目的としていた。しかし, 最終的にはいくつかのIASにおいて2つの会計処理を残すこととなった。この場合, 1つを「標準処理（benchmark treatment）」, もう一つを「認められる代替処理（allowed alternative treatment）」と呼んでいる[13]。したがって, 具体的な規定については「標準処理」と標準処理の外に「認められる代替処理」とがある。標準処理はIASにおける標準的すなわち原則的な処理方法であり, 代替処理は標準処理の他に認められている代替的な処理の方法のことである。IASは様々な国の会計基準を取り入れるために標準的・原則的な規定を設けながら, 結果として会計処理方法が多様すぎるというのがIASに対する批判の一つであった。

　最近のIASは財務諸表の比較可能性を高めるために, 代替的な処理方法をできるだけ削減し選択肢を狭めてきてはいる。すなわち, IASBの目的の一つに,「企業の中で継続して, あるいは企業間で, 同種の取引や事象については同種

の方法で会計処理を行い,報告し,異種の取引や事象については異なる方法で会計処理を行い,報告することを要求することがある。従ってIASBは会計処理に複数の選択肢を許容しない方針である。またIASBは,選択肢の数を減らすために,IASが選択的処理方法を許容している取引や事象の会計処理を見直してきたところであり,今後も継続的に見直していく」[14]としている。しかしながら,それでも標準処理と代替処理すなわち複数の会計処理方法が残っている。

IASは「世界的に承認され遵守される」ことを目的とした財務会計基準で世界中から選出された理事会メンバーによって作成されるが,その基準の中心には,主に国際資本市場における株主などの投資家の利害が存在する。投資家に有用な情報を提供することによって彼らの意思決定に役立つことを目的とするものである。

3 構　　成

IAS 1号で示している財務諸表の構成は (a) 貸借対照表, (b) 損益計算書, (c) 次のうちいずれかを示す持分変動計算書 (i) 株主持分のすべての変動; (ii) 株主としての資格において行動する株主との取引から生じる株主持分変動以外の株主持分の変動; (d) キャッシュ・フロー計算書の4つの財務諸表と, (e) 会計方針および説明的注記によって構成される (par. 8)。

財務諸表の表示については,「IFRSに準拠して作成表示されるすべての一般的な財務諸表に適用しなければならない」としている (par. 2)。また,財務報告の目的は「経済的意思決定を行う広範囲の利用者にとって有用な企業の財政状態,業績及びキャッシュ・フローについての情報を提供すること」であり,財務諸表はまた,「委任された資源に対する経営者の責務遂行の成果をも示すものである」としている。そして,この目的を達成するために企業の資産,負債,資本,利得及び損失を含む収益および費用,キャッシュ・フローの5項目の情報を記載するとしている (par. 7)。

株主持分変動計算書の本体に表示すべき具体的事項については,次のように

説明している (par. 96)。
(a) 当期損益
(b) 他の基準書または解釈指針書の規定により，直接に株主持分に計上された当期の収益及び費用の各項目及びその合計
(c) 親会社の株主と小数株主に帰属する合計金額を個別に表示している当期の収益と費用の合計 (上記の (a) と (b) の合計として計算)
(d) 株主持分の各構成要素について，IAS第8号に従って認識される会計方針の変更及び誤謬の訂正の影響額。

　また，企業は株主持分変動計算書の本体又は注記のいずれかで，次の事項についても表示しなければならない (par. 97)。
(a) 株主との間の資本取引および株主への分配
(b) 利益剰余金 (または累積損益) の期首残高，期末残高及び期中の変動
(c) 各種類別の拠出資本，及び各種剰余金の調整金額の期首及び期末残高とその間の変動額。

　さらに，財務諸表の作成における会計方針の要約について，経営者は，(a) 財務諸表の作成に際して使用された測定基準及び (b) 財務諸表を理解するのに適切となるその他の会計方針を開示しなければならない (par. 101) としている。財務諸表の作成される基準は，利用者の分析を大きく左右するため，経営者は財務諸表に使用された測定基準を利用者に知らすべきである (par. 109)。ある特定の会計方針を開示すべきかどうかを決定するに当たって，経営者は，その開示が，取引，その他の事象や状況が業績や財務状態の報告にどのように反映されているかを利用者が理解するのに役立つかどうかを検討する。特定の会計方針の開示は，当該方針が基準書または解釈指針で認められている代替処理方法から選択される場合には，利用者にとって特に役立つのである (par. 110)。

　IASCが現在 (2004年) まで公表している国際会計基準は図表3のようである。なお，欠号になったIASはすでに廃止されている。この国際会計基準書のシリーズはIASCにより発行され，そしてIASBが採用または改訂したIASであ

18　第1部　会計制度の国際化

図表3　—公表されているIASs一覧—

IAS No.	IAS名
1	Presentation of Financial Statements（財務諸表の表示）
2	Inventories（たな卸資産）
7	Cash Flow Statements（キャッシュ・フロー計算書）
8	Net Profit or Loss for the Period, Fundamental Errors and Changes in Accounting Policies（会計方針，会計上の見積もりの変更と誤謬）
10	Events After the Balance Sheet Date（後発事象）
11	Construction Contracts（工事契約）
12	Income Taxes（法人所得税）
14	Segments Reporting（セグメント別報告）
16	Propperty, Plant and Equipment（有形固定資産）
17	Leases（リース）
18	Revenue（収益）
19	Employee Benefits（従業員給付）
20	Accounting for Government Grants and Disclosure of Government Assistance（国庫補助金の会計及び政府援助の開示）
21	The Effects of Changes in Foreign Exchange Rates（外国為替レート変動の影響）
23	Borrowing Costs（借入費用）
24	Related Party Disclosures（関連当事者についての開示）
26	Accounting and Reporting by Retirement Benefit Plans（退職給付制度の会計及び報告）
27	Consolidated Financial Statements（連結及び個別財務諸表）
28	Investments in Associates（関連会社に対する投資の会計処理）
29	Financial Reporting in Hyperinflationary Economies（超インフレ経済下の財務報告）
30	Disclosures in the Financial Statements of Banks and Similar Financial Institution（銀行業及び類似する金融機関の財務諸表における開示）
31	Financial Reporting of Interests in Joint Ventures（ジョイント・ベンチャーに対する持分の財務報告）
32	Financial Instruments：Disclosure and Presentation（金融商品：表示及び開示）
33	Earnings per Share（1株当たり利益）
34	Interim Financial Reporting（中間財務報告）
36	Impairment of Assets（資産の減損）
37	Provisions, Contingent Liabilities and Contingent Assets（引当金，偶発債務，及び偶発資産）
38	Intangible Assets（無形資産）
39	Financial Instruments：Recognition and Measurement（金融商品：認識と測定）
40	Investment Property（投資不動産）
41	Agriculture（農業）

る。

　IASBは図表3のような個別の会計基準の他に「財務諸表の作成及び表示に関するフレームワーク」も継承している。

第5節　財務諸表の概念フレームワーク

1　目　　的

　財務諸表の概念フレームワークとは，財務諸表を作成するにあたって基礎となる諸概念を明示したもので，基準を作成するさいの理論的根拠となるものである。1989年4月にIASC理事会で，財務諸表の基礎となる概念を体系化するため「財務諸表の作成表示に関するフレームワーク（Framework for the Preparation and Presentation of Finnacial Statements；以下，フレームワーク）」が承認され，同年7月に公表された。その後2001年4月IASBにより承認された。フレームワークの公表は，当時の複数の代替的会計処理方法を取り除くことにより，財務諸表の比較可能性を高めるというE32「財務諸表の比較可能性」プロジェクトを推進するうえで，必要であった。フレームワークは，比較可能性プロジェクトのみならず，その後のIAS作成・改訂作業を進めるうえでIASの見直しやその他会計基準に関連した様々な業務などに理論上の根拠となる大切な役割を果たすことを目的としている。フレームワークの設定目的として次の7点を掲げている（par. 1)[15]。

(a) IASC理事会が，将来のIAS作成と現行のIASの見直しを行う際に役立てること。

(b) IASによって認められている代替的な会計処理の数を削減するための基礎を提供することによって，IASC理事会が財務諸表の表示に関する規則，会計基準及び手続きの調和を促進するのに役立てること。

(c) 各国の会計基準設定主体が，国内基準を作成する際に役立てること。

(d) 財務諸表の作成者がIASを適用し，また，IASの主題となっていないテーマを処理する際に役立てること。

(e) 財務諸表がIASに準拠しているか否かについて監査人が意見を形成する際に役立てること。
(f) 財務諸表利用者が，IASに準拠して作成された財務諸表に含まれる情報を解釈する際に役にだつこと。
(g) IASの作業に関心を有する人々にIAS形成に対するアプローチに関する情報を提供すること。

　連結財務諸表を含む一般目的の財務諸表には，貸借対照表，損益計算書，キャッシュ・フロー計算書および注記ならびに財務諸表の必要不可欠な部分をなす計算書，説明資料，補足明細書（Supplementary Schedules）が含まれる。

2　利用者と利用者の情報要求

　フレームワークの利用者としては投資家（現在及び潜在的投資家present and potential investors），従業員，債権者，仕入先及びその他の取引業者，得意先，政府及び監督官庁，一般大衆のようなグループが含まれる。フレームワークは以上の外部利用者のための財務諸表の作成と表示の基本的枠組を述べ，彼らの情報要求について次ぎのように述べている（par. 9）。

(a) 投資家は，投資に係わる固有のリスク及び投資から得られる利益に関心を有する。投資家は，購入，保有または売却すべきか否かの意思決定に役立つ情報を必要とする。また，株主は，企業の配当支払い能力を評価することができる情報に関心をもつ。
(b) 従業員及びその代表者グループは，雇用者の安定性及び収益性に関する情報に関心を有する。従業員は，また報酬，退職給付及び雇用機会を提供する企業能力を評価できる情報にも関心をもつ。
(c) 債権者は，貸付金及びその利息が，期日に支払われるかどうかの判断を可能にする情報に関心をもつ。
(d) 仕入先及びその他の取引業者は支払われるべき金額が，期日に支払われるかどうかの判断を可能にする情報に関心をもつ。
(e) 得意先は，特に当該企業に長期間かかわっているかまたは依存している場

合に，企業の存続に関する情報に関心をもつ。
(f) 政府及び監督官庁は，企業活動に関心をもつ。また，企業活動の規制及び課税政策の決定のために，さらに，国民所得統計及び類似する統計の基礎として，情報を要求する。
(g) 企業は様々な方法で一般大衆に影響を及ぼす。財務諸表は，当該企業の繁栄とその事業活動の範囲における動向及び最近の発展に関する情報を提供することによって，一般大衆に役立つのである。

3 フレームワークの概要

(1) 財務諸表の目的（The objective of financial statements）

フレームワークにおける財務諸表の目的は，様々な財務諸表の利用者が経済的意思決定を行うにさいし，企業の財政状態，経営成績及び財政状態の変動に関する有用な情報を提供する点にある（par. 12）。

(2) 財務諸表の基礎となる前提

財務諸表の基礎となる前提として，パラグラフ22では，発生主義（Accrual Basis）をパラグラフ23では継続企業（going concern）を掲げている。財務諸表は，企業が予測する将来にわたり継続して事業を営むであろうことを前提に，発生主義に基づいて作成される。発生主義による財務諸表は，利用者に現金の収支を伴った過去の取引や将来の現金支払債務・将来の現金受領をもたらす資源についても情報提供ができる。会計は基本的に経営者が企業を精算するか，または，事業を廃止するかのいずれかの意図をもっている場合を除き，その活動を継続的に行うことを前提としている。したがって財務諸表作成企業が何らかの理由で企業活動の継続を前提としない場合には，継続企業とは異なる仮定（認識・測定）が必要となり，その場合には財務諸表の作成に採用した基礎となる前提を開示することを要求している。

(3) 財務諸表の質的特徴

質的特徴とは，財務諸表が提供する情報を利用者にとって有用なものとするための前提を意味している。その主要なものとして，理解可能性

(Understandability),目的適合性(Relevance),信頼性(Reliability),比較可能性(Comparability)の4つの財務諸表の質的特徴を掲げている(par. 24)。

情報の有用性はコスト・ベネフィット関係としての一般的制約条件を前提とし,会計情報は情報提供のコストを上回る情報享受のベネフィットがなければならない。

理解可能性とは,情報利用者にとって財務諸表が提供する情報は理解しやすいものでなければならないことを示す情報の特性である。ただし,情報利用者は情報利用において事業,経済活動及び会計において合理的な知識を有し,また合理的に勤勉な態度をもって情報を研究する意思を有すると仮定する(par. 25)。

目的適合性とは,財務諸表が提供する情報は,経済的意思決定のための利用者の要求に適合するものでなげればならない情報の特性をいう。会計情報が,情報利用者の投資,与信および意思決定にとって適合するためには,当該会計情報が情報利用者に過去,現在および将来の事象の成果の予測または事例の期待値の確認もしくは訂正を行わせることによって情報利用者の意思決定に影響を及ぼすものでなければならない。情報が予測価値をもつためには,明確な予測形態をとる必要はないが,財務諸表から予測する能力は,過去の取引および事象に関する情報の表示方法によって高められる。損益計算書の予測価値は,異常ないし臨時的な収益や費用項目で区分表示されれば,高まる(par. 26〜28)。報告する情報が適時性を持たないで遅延される場合,その情報は,目的適合性を失うことがある。経営者は,適時報告を発信した場合に利用者が得られる利点と,より的確な情報を発信した場合の間で均衡を図る必要がある(par. 43)。

信頼性とは,情報が有用であるためには,信頼しうるものでなければならない情報の特性を意味している。目的適合性を有していても信頼性を有しなければ,判断を誤らせる可能性がある。情報が信頼性を有するためには,表示しようとする取引ないし事象を忠実に表現しなければならない(忠実性:faithful representation)。貸借対照表は,決算日現在の企業の資産・負債・持分を構成

する取引ないし事象を忠実に表現しなければならない。さらに，情報が表示しようとする取引ないし事象を忠実に表現するためには，取引ないし事象は法的形式にしたがうだけではなく，実質的に経済的実態に合致した形で会計処理され，表示される必要がある（実質優先主義：substance over form）。さらに，財務諸表に記載される情報が信頼性を有するためには，中立性（普遍性：neutrality）を有するものでなければならない。財務諸表があらかじめ定められた結果や成果をひきだすためには意図的に情報を選択して表示することにより，利用者の意思決定あるいは判断の行使に影響を及ぼすことになる場合には，中立あるいは普遍性をもつとはいえない。しかし，財務諸表の作成者は，不良債権の回収可能性や工場・設備の見積耐用年数，製品保証請求の見積などの経済事象に不可避的に伴う不確実性に対処しなければならない。こうした不確実性は，その性質，範囲を開示することによって，それを財務諸表上認識させることは可能である。資産または収益の過大表示，あるいは負債または費用の過小表示とならないように，慎重性（prudence）は注意を促すものである。慎重であるために，秘密積立金や引当金の過大計上，資産，収益の故意の過小表示，負債，費用の故意の過大表示などは許されない（par. 37）。また，財務諸表における情報が信頼性を有するためには，完全なものでなければならない（完全性：completeness）。必要な情報の脱漏があると，情報は虚偽または判断を誤らせるものとなり，信頼性，目的適合性において不完全なものとなる可能性がある。（par. 38）。信頼性も目的適合性もともに重要な特性とされるが，IASC概念フレームワークでは信頼性に重点をおいた質的特徴の構造を詳細に規定している。

　比較可能性は，類似取引や事象の測定と表示が，同一企業内においても一貫した方法で対処され，財務諸表利用者が企業の財政状態，経営成績及び財政状態の変動を評価するために，他の企業の財務諸表と比較可能であることを要求する（par. 39）。比較可能性質的特徴の重要な意味は，利用者に対して，財務諸表の作成にあたり，採用した会計方針，またその会計方針に変更があった場合の影響を，利用者に知らせるところに重要な意味がある（par. 40）。一度採

用した会計方針が目的適合性や信頼性の質的特徴と一致しない場合には，取引ないし事象について同一の会計処理方法を継続的に用いることは適切ではない。また，より目的適合性と信頼性を有すると認められる代替的処理がある場合には，会計方針の変更がむしろ適切な会計処理となる（par. 41）。

　以上のようにフレームワークは財務諸表の質的特徴において理解可能性，目的適合性，信頼性，比較可能性の4つの質的特徴を挙げている。目的適合性には重要性を信頼性には実現の充実性，実質優先性，中立性，慎重性，完全性を副次的に有するべき質的特徴として定義している。また，目的適合性と信頼性を有する情報に対する制約として適時性をかがけている。さらに，ベネフィットとコストの均衡，質的特徴の間の均衡，真実かつ公正な概念なども定義している。

4　財務諸表の構成要素

　概念フレームワークは財務諸表の構成要素（elements）として資産，負債，持分，収益，費用の5項目の定義を行っている（par. 49）。財政状態の測定に直接関係する構成要素は，資産，負債及び持分である。資産とは，「過去の事象の結果として当該企業が支配し，かつ，将来の経済的便益が当該企業に流入することが期待される資源」と定義し，この将来の経済的便益とは「企業への現金及び現金同等物の流入に直接的にまたは間接的に貢献する潜在能力」であると定義している。また，負債は，「過去の事象から発生した当該企業の現在の債務であり，これを決済することにより経済的便益を包含する資源が当該企業から流出する結果になると予想されるもの」であると定義を行っている。持分は「特定企業のすべての負債を控除した残余の資産に対する請求権」とされ，持分を資産と負債の残余概念としてとらえている。

　このように，資産の将来の経済的便益とは当該企業にキャッシュ・インフローを，負債はキャッシュ・アウトフローをもたらすものとし，その差額概念が持分であるとする。パラグラフ51では，この資産の定義を充足するか否かの一例として，所有権の移転を伴わないファイナンス・リースを取り上げている。

そこでは，法的形式より経済的便益を重視した考え方が提示され，ファイナンス・リースは借手（ressee）の貸借対照表に記載されるべきであるとの意見を表している。

また，利益は，経営成績の測定値として，または，１株当たり利益などの他の測定値の基礎として用いられることが多いとされ，利益の測定に直接関係する構成要素は，収益及び費用であると定義している（par. 69）。

損益計算書の収益及び費用に関して，収益とは「当該会計期間中の資産の流入もしくは増加または負債の減少の形をとる経済的便益の増加（par. 70（a））」である。費用とは，「経済的便益の減少であり，持分参加者への分配に関連するもの以外の持分の減少（par. 70（b））」である。

財務諸表の構成要素の認識は，構成要素の定義を満たしかつ，次の（a）および（b）の認識基準を満たす場合には貸借対照表上には資産・負債が，損益計算書上には収益・費用として認識することとしている（par. 82,83）。

(a) 当該項目に関連する将来の経済的便益が，企業に流入するかまたは企業から流出する可能性が高く，

(b) 当該項目が信頼性をもって測定できる原価または価値を有している場合である。

また，財務諸表の構成要素の測定において，測定とは，構成要素の貸借対照表および損益計算書記載額を決定する過程をいう（par. 99）。測定基礎としては，取得原価（historical cost），現在原価（current cost），実現可能価額（realizable value），現在価値（present value）が提示されている。このなかで企業にとって一般的に採用されているものは取得原価であるが，どれを採用するべきかについての規範的な論理展開はない（par. 100）。

フレームワークでは，資本及び資本維持の概念について次のように定義している。まず，資本の概念について，「貨幣資本概念は，投下した貨幣または投下購買力などの貨幣資本概念の下では，資本は企業の純資産または持分と同意である。操業能力などの実体資本概念の下では，例えば１日当たりの生産量に基づく企業の生産能力とみなされる（par. 102）」とし，「企業による適切な資

本概念の選択は，財務諸表利用者の要求に基づかねばならない（par. 103）」としている。すなわち，財務諸表の利用者が主に各目投下資本の維持又は投下資本の購買力に関心を有する場合には，貨幣資本概念を採用すべきてあり，利用者の主要な関心事が企業の繰業能力にある場合には，実体資本概念を用いるべきであるとしている（pra. 103）。

上記（par. 102）の資本概念は,以下の資本維持の概念を生じさせている（par. 104）。

(a) 貨幣資本の維持の下では，利益は，期末の純資産の名目（または貨幣）額が当期中の所有主への分配と所有主からの出資を除いた後のその期の期首の純資産の名目（または貨幣）額を超える場合にのみ稼得される。

(b) 実体資本の維持の下では，利益は期末における企業（またはその能力を達成するために必要な資源または資金）の物的生産能力（または繰業能力）が，当期中の所有主への分配と所有主からの拠出を除いた後のその期の期首の物的生産能力を超える場合にのみ稼得される。

おわりに

IASと呼ばれた会計基準はその名称を変えてIFRSと呼ばれることになった。会計基準を世界的に統一化することを目ざしていたIASは各国の会計環境や事情をある程度考慮したため，選択肢の多い会計基準となっていた。しかし，IASの設定主体であるIASCが目指していた「統合」は世界が単一の会計基準を適用することを意味していた。世界的に注目されなかったIASCは1987年代からIOSCOの支援を受け国際化へ転換し，2000年5月IASCの組織改革が行われた。その後，IASCの名称はIASBに変更されその活動が開始されたのである。

IASCとFASBとの統合化を目指す共同会議によって会計基準の統合化は加速され，国際的に従来の調和化は統一化へと進んでいる。ECは2005年を目標としてEUに上場会社の連結財務諸表の作成についてIASの強制適用を要求している。

各国会計基準のIASへの調和化の段階は世界標準としてのIASによる各国会計基準の統一化の段階へ進展したといえる。本章では，統一化への進展の過程を跡づけると共に，国際会計基準形成の根底にある論理的フレームワークの整理を行った。IASBが目的とする会計情報の国際的比較可能性を高めるためにも，各国基準の規範となるべき国際会計基準の実質的内容がより一層整備されることが期待される。

1) 日本公認会計士協会国際委員会訳『国際会計基準2001』同文舘出版，2001年，1頁。
2) 井戸一元「国際会計基準」権泰殷編著『国際会計論』創成社，2004年，125頁。
3) 井戸一元，前掲稿，126頁。
4) 小栗崇資「国際会計基準とグローバル会計規制」小栗 崇資編著『国際会計基準を考える』大月書店，2003年，12頁。
5) 井戸一元，前掲稿，126頁。
6) International Accounting Standards Board (IASB), *International Financial Reporting Standards (IFRSs) 2004*,「国際財務報告基準に関する趣意書」par. 4. 企業会計基準委員会訳監修，2005年，29頁。
7) 前掲訳書，29頁。
8) 前掲訳書，1頁。
9) 前掲訳書，2頁。
10) 前掲訳書，2頁。
11) 飯田信夫『国際財務報告基準（IFRS）入門』財経詳報社，2004年，7頁。
12) デロイト トウシュ トーマツ編『国際財務報告基準の実務』中央経済社，2003年，14頁。
13) 2004年現在，公表されている解釈指針書には，国際財務報告解釈指針委員会趣意書として次のようなものが含まれる。SIC第7号「ユーロの導入」，第10号「政府援助―営業活動と個別　の関係のないもの」，第12号「連結―特別目的事業体」，第13号「共同支配企業―共同支配投資企業による非貨幣性資産の拠出」，第15号「オペレーティング・リース―インセンティブ」，第21号「法人所得税―再評価された非減価償却資産の回収」，第25号「法人所得税―企業又は株主の課税上の地位の変化」，第27号「法的形態はリースであるものを含む取引の実態の評価」，第29号「開示―サービス譲与契約」，「収益―宣伝サービスを伴うバーター取引」，第32号「無形資産―ウエブサイト費用」，企業会計基準委員会前掲訳書，1‑2頁。
14) 企業会計基準委員会前掲訳書，13‑14頁。
15) 本節の概念フレームワークの訳文については企業会計基準委員会前掲訳書を参照した。

第2章　日本の会計制度

は　じ　め　に

　1997年から日本の会計制度の変革はアジアにおける金融危機後，アジア各国での様々な経済構造変革にともなって大変革期と言っても過言ではないほど大幅に行われてきた。当時，日本の経済市場の状況はグローバル化した経済活動に対応できなくなるほど国際市場から見放されていたこともあったため，金融ビッグバン（big bang）が行われた。金融ビッグバンは金融市場や証券市場を活性化させる必要もあり，企業情報のディスクロージャー制度の改善や見直しなど会計制度の変革も必要とされた。それまで，進行を続けてきた日本の会計制度変革は会計ビッグバンといわれるが，その会計ビッグバンの中心になるのは，1997年6月に公表された連結財務諸表原則の改訂である。この連結財務諸表中心への移行をはじめとし，研究開発費等に係る会計基準，退職給付に係る会計基準，中間財務諸表作成基準，連結キャッシュ・フロー計算書作成基準，税効果会計に係る会計基準，金融商品に係る会計基準，外貨建取引等会計処理基準が1997年から2000年のわずか4年間に公表，導入されるなど日本の会計基準はグローバルスタンダードに急速に近づいている。

　さらに，2001年7月には，民間主導の会計基準づくりを目的とした独立の機関として財団法人財務会計基準機構（Financial Accounting Standads Foundation：FASF）が設立された。そのなかに会計基準審議会（Accounting Standard Board：ASB）が設置された。ASBは会計基準の開発，審議，国際的な会計基準の整備への貢献等を直接担当するFASFの中心機関であり，テーマ

ごとに専門委員会を設置している。以上のように日本の会計制度は国際動向に対応する方向で設定され改訂されるなど急速に進行している。しかし，日本の会計制度における国際的対応の結果はかならずしも充分なものとはいえない現状にある。本章では日本会計制度の変遷・特徴を考察した上で日本会計制度の国際的動向への対応の現状を明らかにする。

第1節　会計制度の変遷

1　商法中心の企業会計制度

日本の財務会計制度は，第二次世界大戦以前と以後に分けて考えられる。戦前における日本の財務会計は，企業内部指向の会計による会計秘密主義の伝統が継受され，欧米からの簿記・会計の導入によって会計制度が発展してきた。

戦前における日本の明治政府は日本の近代化と資本主義確立のために商法典の制定を要し，1890年，日本に最初の商法がドイツ商法を母体として制定された。その計算規定は債権者保護を目的として制定されたが，日本の商慣習にもとづいたものではないことや会計実務が英米のそれに基づいていたことなどにより反対・批判され，廃止された。1899年に現行商法である新商法が制定されたが，その内容は1861年のドイツ旧商法に近いとされ，それは債権者保護を目的とした財産目録中心の計算制度として確立された。その後，1974年に財産目録が廃止されるまで，日本の伝統的な商法となった。これらの商法により日本の企業会計制度は商法を中心として展開することになった。

2　日本最初の財務諸表作成基準

新商法は1911年に改正され，財産の評価について，財産目録に掲載する財産の価額は財産目録調整の時における価額をこえることができないと，時価以下主義を採用した。これは，旧商法の時価主義の要求が厳しすぎ，しばしば違法性の問題を引き起こしたために改正されたものであった。この新商法は，経済情勢の変化に対する対応と規定の不備から，1938年に当時の実務慣行を取り入

れ，ドイツ株式法をはじめ諸外国の商法典を参照して改正された。この改正で株式会社の営業用固定資産について時価以下主義による評価を廃止し，原価主義による評価を強制した。1934年，商工省臨時産業合理局の財務管理委員会により「財務諸表準則」が制定され，商法で定められた一般事業会社の表示様式が規定された。すなわち，この「財務諸表準則」が日本における最初の財務諸表作成基準である。

3　企業会計原則の公表

　第2次世界大戦後，日本にアメリカの諸制度が導入された。1947年に投資家保護の観点から「証券取引法」が制定され，有価証券の発行及び流通市場における企業内容の開示が義務づけられた。1948年に公認会計士法が制定され，公認会計士制度が導入された[1]。1949年に企業会計実務の指針として，および公認会計士による監査基準として，「企業会計制度対策調査会（現在の企業会計審議会）」により「企業会計原則」が公表された。企業会計原則の公表は戦後日本の会計制度の出発点になった[2]。1950年に監査基準及び監査実施準則の設定，財務諸表準則の法制化と強制監査制度を導入した。

　日本の会計原則自体は，アメリカにおいて発展したものであるが，企業会計原則の内容は戦前の商法計算制度における財務諸表準則などによる日本の会計慣行を基礎に，主としてアメリカの会計原則を導入して作成された。企業会計原則は商法，税法，その他の会計に関係ある諸法令が制定改廃される場合に尊重されなければならないとして，会計に関する指導的性格をもつものとされた。しかし，商法は強行法規であり，税法は確定決算主義を採用していたので，日本の財務会計制度は企業会計原則，商法，税法間の不一致の調整が必要とされた。そのため，1951年に「商法調整意見書」，1952年に「税法調整意見書」，1960年に「企業会計原則と関係諸法令との調整に関する連続意見書」が公表された。1962年の商法改正による計算規定の充実・近代化や，1963年の「株式会社の貸借対照表及び損益計算書に関する規則（商法計算書類規則）」による表示面の規制によって，商法主導型の会計制度がスタートすることになっ

た。1967年の法人税法の改正で,「一般に公正妥当と認められる会計処理の基準による」ことが導入された。1974年の商法改正では「公正な会計慣行を斟酌すべし」とする斟酌規定が新設され,企業会計原則の指導性が回復した。また,商法監査と証券取引法監査との一元化のため,企業会計原則と商法が改正され,両者の調整が図られた[3]。

4 会計制度の大変革期

1997年には連結財務諸表原則の改訂が公表され,1999年4月以後開始する事業年度より適用された。この改訂をはじめとして,1998年には「研究開発費等に係る会計基準」,「退職給付に係る会計基準」,「税効果会計に係る会計基準」,「連結キャッシュ・フロー計算書等の作成基準」が設定され,1999年には「金融商品に係る会計基準」の設定及び「外貨建取引等会計処理基準」の改訂等会計基準の整備が大蔵省(当時)の企業会計審議会を中心に急速に行われた。このような改革の背景について,意見書は「ディスクロージャー制度の中核となる会計基準は,近年の市場環境や企業行動の激変に伴った,急速な変化を余儀なくされてきた。また,市場の国際化の進展により,会計基準の国際的調和が喫緊の課題として求められてきた」と表現している。そうした状況にあって,企業会計審議会は,次のような会計制度の導入を中心に会計基準の整備を積極的に進めてきた。

・2000年3月期:①連結の範囲に実質支配力基準を導入
　　　　　　　②連結キャッシュフロー計算書の導入
　　　　　　　③税効果会計の義務化
・2001年3月期:①退職給付会計の導入
　　　　　　　②金融商品会計の導入
　　　　　　　③販売用不動産の減損処理を厳格化
・2002年3月期:持ち合い株の時価評価
・2004年3月期:固定資産の減損会計の導入

第2節　会計制度の特徴

1　会計制度と会計原則

　会計は企業と企業を取り巻く利害関係者との間のコミュニケーションを調整することを目的としている。企業と利害関係者間にコミュニケーション関係が安定したとき相互間の利害関係制度は成立されたといえる。利害関係はお互いの意思に従い自由に決定し，その決定の結果に責任を負うことを健全とする考え方のもとで成立する。そこで自由に行う私的意思決定を規制するとき，会計は制度化される。企業を巡る利害関係調整制度として「公正ナル会計慣行」が予定され，規制を加える会計制度として商法会計，証券取引法会計，税務会計が成立する。通常，制度会計という言葉はこの規制される会計領域について用いられている。しかし，この領域は企業と利害関係者間の利害関係制度としての「公正ナル会計慣行」を前提として成立するものである。したがって，これらを総括して制度会計といわれることもある。前者は狭い意味で，後者は広い意味で，「制度」の概念が用いられている。

　「公正ナル会計慣行」は，社会的に承認されたもので，規範的性格を有する。社会的規範としての「公正ナル会計慣行」を言語または記号の体系を通じて文書化するとき，会計原則が成り立つ。

　日本の企業会計原則は1949年に証券取引法第193条を根拠法としてはじめてその制度的基礎を確立した。企業会計原則は企業会計の実務の中に慣習として発達したもののなかから，一般に公正妥当と認められたところを要約したものであって，企業会計審議会が社会的同意を得た慣行を文書形式で要約したものである。また，証券取引法会計における財務諸表作成の表示上の形式規定として1950年に「財務諸表等の用語，様式及び作成方法に関する規則（財務諸表等規則）」が大蔵省令として制定された[4]。

　企業会計原則は証券取引法を根拠法として企業会計審議会により設定され，証券取引法会計の実務指針として機能してきた。しかし，その設定以来，数多

くの修正を重ね今日に至っている。企業会計原則は会計実務の基盤であり，強制力をもつ強行法規たる商法及び税法の会計に関する諸規定とは密接な関連を有し，それらの間の整合性が必要とされる。

2 トライアングル体制

日本の会計制度は，商法会計，証券取引法会計，税法会計が組み合って会計制度を構成している。そのことから日本の会計制度の特徴はトライアングル体制といわれている。また，商法会計は基本法の一つであり古い歴史をもっていることからトライアングル体制の中で，中心になっている。

(1) 商 法 会 計

1962年に商法の会計規定は大改正され，1963年，法務省は計算書類規則を制定した。これにより商法が制度会計の首座に位置つけられた[5]。

日本の商法はドイツ商法を手本として債権者保護を理念として制定されたが，戦後，アメリカの株主重視の思想の導入や改正の過程等において株主への情報開示としての理念が強くなった。

商法会計上，取締役が作成し，定時株主総会に提出すべき計算書類は貸借対照表，損益計算書，営業報告書，利益の処分または損失の処理に関する議案，及び付属明細書である。これらの計算書類は商法の実体規定に基づき，表示形式は計算書類規則（現在，商法施行規則）に基づいて作成される。企業の財政状態を表す貸借対照表と経営成績を表す損益計算書は株主への財務状況報告書であり，株主への承認を必要とする（大会社の特例「商法特例法16条1項」による場合を除く）。貸借対照表と損益計算書による状況報告の株主総会での承認により，当該会計期間についての経営者の受託責任は解除され，かつ株主への期間的利益分配の基礎となる期間利益（未処分利益）が確定する[6]。

1998年12月に，「商法施行規則」が改正され，商法上，税効果会計が採用され，2003年3月期以降に適用されることになった。税効果会計基準の導入と実践により，商法会計と税法会計との間に間隙が生じ，トライアングル体制は崩れる兆しが見え始めた。また，商法特例法の改正により，商法特例法上の大会

社に対して，連結情報の重要性を考慮して，2003年以降，連結計算書類の作成が義務づけられた。

(2) 証券取引法会計

証券取引法は，上場会社における情報開示をその対象とし，有価証券の発行市場と流通市場に法的規制を加えることにより，国民経済の適切な運営及び投資家の保護の観点から財務報告制度を規制している。証券取引法第193条では，「この法律の規定により提出される貸借対照表，損益計算書その他の財務計算に関する書類は，内閣総理大臣が一般に公正妥当であると認められるところに従って内閣府令で定める用語，様式及び作成方法により，これを作成しなければならない」と定めている。「財務諸表等規則」は証券取引法の定めによって提出される財務諸表の用語，様式及び作成方法を規定したものである。証券取引法会計における会計処理の実体規定としての「企業会計原則」の役割についてはすでに論及した。

「企業会計原則」の設定機関である企業会計審議会はパブリック・セクターの性格が強いが，2001年にプライベート・セクターとしての会計基準審議会が誕生した。その後現在，パブリック・セクターとプライベート・セクターの複数の会計基準設定主体が存在することになった。

また，証券取引法の定めにより，財務諸表を内閣総理大臣及び証券取引所等に提出するにあたって，公認会計士または監査法人の監査証明を受けなければならないが，有価証券報告書には，連結財務諸表を記載しなければならない。2000年3月期の決算から，株式を公開している企業では，これまでの個別財務諸表に代わって連結財務諸表が主要財務諸表として位置づけられている。証券取引法会計における財務諸表は，連結貸借対照表，連結損益計算書，連結剰余金計算書，連結キャッシュ・フロー計算書，連結付属明細書，中間連結財務諸表および個別財務諸表である。

(3) 税法会計

法人税法21条においては，課税物件を所得に求め，法人税の課税標準は各事業年度の所得金額であるとしている。法人税法74条1項では，各事業年度の所

得に対する法人税について納税義務のある法人は，各事業年度終了日から2ヵ月以内に，税務署長に対し，確定した決算に基づき確定申告書を提出しなければならない。すなわち，税法が確定決算基準を採用しているため商法との結びつきが強調されている。税務会計は制度会計の構成要素として実務において会計基準の不備を補ったりして重要な役割を果たしている。たとえば，少額の固定資産は取得時に損金処理することが会計上も認められるが，その額を10万円としているのは税法であり，これが実務の拠り所になっている。減価償却にあたって残存価額を取得原価の10％としているのも税務の扱いである[7]。

なお，法人税の課税所得計算は，商法上の損益額に税務上「財政的・租税政策的諸要請」からもうけられた「別段の定め」による調整をして行われる。この「別段の定め」によって，税務上の益金・損金は，企業会計上の収益・費用とは完全には一致しない。税務会計上，課税所得の計算に関する法令としては，法人税法のほか，法人税施行令，法人税法施行規則，租税特別措置法，各種通達などがあげられる。

以上のトライアングル体制の概要をまとめると図表1のようである。

第3節 会計制度の国際化

1 日本版FASFとASBの誕生

すでに把握したように日本では国際対応の必要性を認識し，日本の企業会計審議会は，連結重視，金融商品会計，退職給付会計などの基準を公表・導入するなどグローバールスタンダードに接近していた。日本における会計制度変革の本来的目標は日本の会計基準を国際的動向に対応させ，国際的に遜色のないものにすることであった。しかし，日本の会計基準設定機関である企業会計審議会が，世界にあらたに誕生する予定であった国際会計基準審議会の活動に対応できないのではないかという懸念が表明された。その理由は，日本の企業会計審議会は金融庁に属するパブリック・セクターで，独立性を保つことが困難であり，また，委員の全員が非常勤委員であり，さらに，デュー・プロセスに透

図表1　日本のトライアングル体制の概要

法律	証券取引法	商法	税法
規制	財務諸表等規則	計算書類規則	法人税関係法令
基準形成課程	帰納的アプローチ	規範的アプローチ	
対象	上場会社	商人，株式会社	国内・国外法人
会計目的及び機能	・投資家保護 ・有用な投資意思決定情報の提供 ・時価情報の導入	・債権者・投資家保護 ・処分ないし分配可能利益の算定 ・取得原価重視	・課税の公平性 ・税収確保
設定機関の形態	パブリック・セクター型 プライベート・セクター型	パブリック・セクター型	
財務諸表の体系	（連結及び個別） ・連結貸借対照表 ・連結損益計算書 ・連結キャッシュ・フロー計算書 ・連結剰余金計算書 ・連結附属明細書 ・個別財務諸表 ・中間財務諸表	（連結のみ） ・連結貸借対照表 ・連結損益計算書 ・営業報告書 ・利益の処分又は損失の処理に関する議案 ・附属明細書	（個別のみ） ・貸借対照表 ・損益計算書 ・キャッシュ・フロー計算書 ・利益処分計算書 ・各種明細書
提出先	内閣総理大臣	株主総会	税務署長
監査	公認会計士または監査法人	・商法監査（監査役） ・商法特例法監査	税務監査

明性を確保することもできないということであった。

そのような非難に対応し，2001年7月26日，民間・独立の機関として「財団法人財務会計基準機構（FASF）」が，日本における始めての民間会計基準設定機関として設立され，その内部に「企業会計基準委員会（ASB）」が設置された。FASFは「一般に公正妥当と認められる企業会計の基準の調査研究・開発，ディスクロージャー制度，その他企業財務に関する諸制度の調査研究及びそれらを踏まえた提言並びに国際的な会計制度への貢献等を行い，もってわが国における企業財務に関する諸制度の健全な発展と資本市場の健全性の確保に奇与することを目的」としている。FASFは，経済団体連合会，日本公認会計士協会，全国証券取引所，日本証券業協会，全国銀行協会，生命保険協会，日

本損害保険協会,日本商工会議所,日本証券アナリスト協会,企業財務制度研究会(当財団設立を機に発展的に解散)をはじめ,関係諸機関の協力により主務官庁の許可を得て設立され,次の事業を行っている。
1　一般に公正妥当と認められる企業会計の基準の調査研究及び開発
2　ディスクロージャー制度その他企業財務に関する諸制度の調査研究
3　前2号の事業の成果を踏まえた提言及び広報・研修活動
4　国際的な会計基準の整備への貢献
5　前各号に掲げるもののほか,この法人の目的を達成するために必要な事業

　FASFの組織はASBを中心に理事会,評議員会,テーマ協議会から構成されている。ASBは,2001年7月,アメリカのFASB,イギリスのASBと同様にプライベート・セクターとして誕生し,日本の会計基準設定主体は企業会計審議会のパブリック・セクターとASBのプライベートセクター両方が存在する現状にある。ASBは会計基準の開発,審議,国際的な会計基準の整備への貢献等を直接担当するFASFの中心機関であり,テーマごとに専門委員会を設置している。2004年4月現在,ASBの専門委員会として,国際対応専門委員会,実務対応専門委員会,自己株式等専門委員会,ストック・オプション等専門委員会,金融商品専門委員会,リース会計専門委員会,固定資産会計専門委員会,減損会計専門委員会,企業結合専門委員会,事業分離専門委員会,排出権取引専門委員会が設置されている[8]。

　理事会は,業務執行機関として事業計画・予算の作成・執行,委員等の選任,資金調達など財団の運営全般を執行する。しかし,会計基準等の審議関係の事業については企業会計基準委員会にすべて委ね,委員会の審議そのものには関与しない。評議員会は,理事・監査の選任などを通じて行う業務運営のチェック・助言機関という役割である。また,テーマ協議会では,ASBが審議すべきテーマの選択の透明性を確保するためASBとは別の機関として,審議すべきテーマ及びその優先順位等について提言する機関である。
　日本におけるFASFの組織図は図表2のようである。

図表2　FASFの組織図

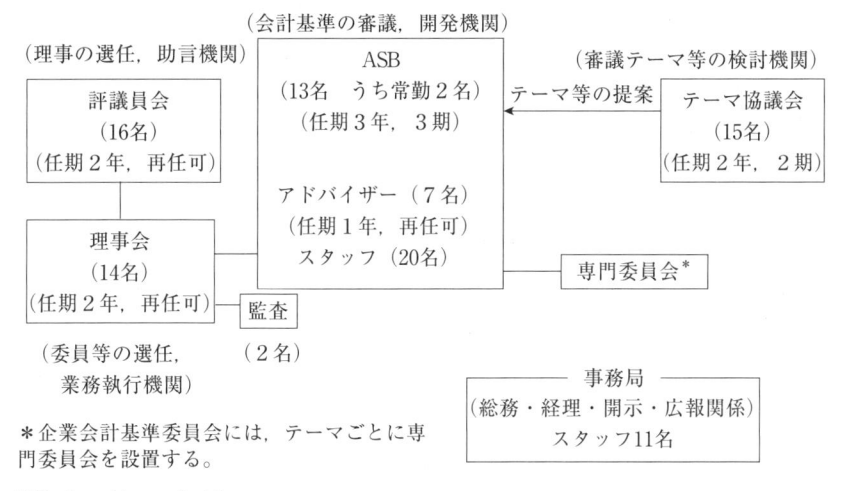

```
                            （会計基準の審議，開発機関）
（理事の選任，助言機関）          ASB                （審議テーマ等の検討機関）
    評議員会          （13名　うち常勤2名）  テーマ等の提案    テーマ協議会
    （16名）          （任期3年，3期）                       （15名）
  （任期2年，再任可）                                     （任期2年，2期）
                       アドバイザー（7名）
      理事会           （任期1年，再任可）
      （14名）          スタッフ（20名）          専門委員会＊
   （任期2年，再任可）
                           監査
  （委員等の選任，         （2名）
    業務執行機関）                            ―― 事務局 ――
                                          （総務・経理・開示・広報関係）
＊企業会計基準委員会には，テーマごとに専      スタッフ11名
  門委員会を設置する。
```

出所：http://www/asb.jp

2　ASBにおけるリース会計基準の検討

　日本におけるASBのリース専門委員会において，現在検討中の短期的テーマには，国際対応問題，自己株式等の会計問題，連結納税制度の会計問題，金融商品問題，リース会計問題等があるが，ここでは，ASBにおけるリース会計基準の検討についての現状を考察する。

　ASBは現在，リース会計専門委員会において，「所有権移転外ファイナンス・リース取引に関する例外処理の廃止について」検討を行っている。本テーマは，平成13年11月1日に開催された第1回テーマ協議会で短期的なテーマ案として提言されたものである。平成14年7月23日開催の第17回企業会計基準委員会でテーマとして取り上げることが決定され，リース会計専門委員会が設置された。

　日本の現行のリース会計基準では，リース取引をファイナンス・リース取引とオペレーティングリース取引に区分し，ファイナンス・リース取引については，原則として通常の売買取引に係る方法に準じて会計処理（以下，売買処理）

することとされている。ただし，ファイナンス・リース取引のうち所有権移転外ファイナンス・リースについては，例外的に賃貸借処理に準じた処理（以下，賃貸借処理）を行うことができるとされ，賃貸借処理を採用した場合，売買処理を行った場合と同等の情報を注記で開示することとされている。しかし，現在，日本の会計実務の現状では，大多数の借手会社において例外法である賃貸借処理が採用され，貸手においても，すべての株式公開会社において例外法である賃貸借処理が採用されている。

今回ASBリース専門委員会の検討では，例外処理を廃止すべきとの意見と存続すべきとの意見がそれぞれ次のようになされている。

まず，例外処理を廃止すべきとの観点からは，主に，次のような意見がある。①リース取引の経済的実態からみて，借手においては，資産の割賦取得と同様に固定資産を計上すべきであり，貸手においては，資産の割賦売却と同様に債権を計上すべきである。②日本におけるリース取引の実態がほぼすべて例外処理としての賃貸借に該当することは，売買処理を定めた会計基準の趣旨を否定するような特異な状況であり，早急に是正する必要がある。③売買処理，賃貸借処理，いずれを選択するかで，会計処理は全く異なるものとなり，財務諸表の比較可能性が失われる。④国際的な会計基準との関係で，日本の現状の賃貸借処理では，国際的な比較可能性が確保されていない。IASBでは，ファイナンス・リース取引のみならず，オペレーティング・リース取引についても資産及び負債を認識することの検討を開始しようとしている。

また，所有権移転ファイナンス・リース取引の例外処理を存続すべきとの観点からは，主に次のような意見が主張されている。①日本のリース取引の特質が諸外国のファイナンス・リースと異なり賃貸借性が強く，割賦売買や金融ではない。②賃貸借処理を選択した場合には，注記により売買処理を行った場合と同等の注記が求められており，アナリスト等から情報開示に支障があるとの意見はあまり聞かれず，変更する実益が乏しい。③税務との関係で，日本の法人税法では，リース取引を資産の賃貸借と位置づけ，一定の要件に該当した場合に売買または金融として扱うこととしている。日本のリース事業は，これら

の法人税法の取り扱いを基礎に展開されている。そのため，売買処理に統一した場合には，以下のような問題が生じるおそれがある。第一に，リース取引については，現状の会計処理及び税務処理を前提に取引が組成されているため，取引そのものが成り立たなくなりリース事業の基盤が損なわれるおそれがある。すなわち，日本の税法は，確定決算主義を採用しており，確定決算主義のもとでは，会計上，所有権移転外ファイナンス・リース取引を売買処理に統一した場合，税務においても賃貸借性が否定され，売買処理となる可能性があり，この場合，リース事業の基盤が損なわれるおそれが大きい。第二に，貸手において，賃貸借処理を売買処理に変更しこれが金融取引として取り扱われた場合，賃貸借処理の場合より課税所得が先行して計上される。また，貸し手側において売買処理が採用されると，会計上は減価償却費が計上されなくなり，リース終了時まで減価償却費相当額の損金算入が認められないおそれもある。

　以上の現状で見てきたように，所有権移転外ファイナンス・リース取引の例外処理の廃止について両論があり，議論は集約されていない。ASBのリース専門委員会における審議では，税務処理との関係の問題を切り離して考えることは困難であるとの認識もあり，現状では合意形成が難しい状況にあると言える。

　　お わ り に

　ドイツ商法を母体として制定された日本最初の企業会計制度は商法を中心として展開され，商法会計，証券取引法会計，税務会計が絡み合う形で構成される，トライアングル体制を持っているのがその特徴である。また，時代とともに変化する企業の資金調達活動，製造・生産活動，販売活動のグローバル化が世界的規模で行われているなか，日本の会計制度もその変革を続け会計ビッグバン時代を迎えた。特に，2001年には民間主導の会計基準づくりを目的とした独立機関としてFASFが設立され，その中に日本で新たな会計基準設定機関であるASBがプライベート・セクターとして設置された。したがって，日本では，企業会計審議会のパブリック・セクターとASBのプライベート・セクター

が並存し，複数の会計基準設定主体が存在するという制度的に変則的な現状になっている。減損会計を例えとして説明すると，企業会計審議会は「固定資産の減損に係る会計基準（以下，減損会計基準）」を2002年8月に公表した。これを受けて2003年10月ASBは「固定資産の減損に係る会計基準の適用指針（以下，適用指針）」を公表した。減損会計基準は2004年3月31日以降終了する事業年度から適用される。減損会計基準は企業会計審議会における最後の会計基準の審議テーマであり，基準に係る適用指針は，ASBで作成することとなった。プライベート・セクター機関であるASBの独立性をどのように位置づけるかが問題となる。

　また，日本の会計制度の特徴であるトライアングル体制は日本の会計制度の国際動向への対応を困難にする要因となる。ASBのリース専門委員会の検討内容について考察されたように，所有権移転外ファイナンス・リース取引の例外処理の廃止について両論があるが，税務会計処理との関係の問題のため議論の合意形成がまとまらない状況にある。リース取引をめぐる日本の会計問題は，リース契約を通じたビジネスの手法が確定決算主義をとる税制と密接に関連しているために，税務処理を考慮せざるをえない特異なケースであると考えられる。会計上の情報開示の観点のみでは議論が円滑に進展せず，ビジネスの手法やそれに関連した税務処理との関係をも調整することが不可欠である。

1）武田安弘「二十世紀におけるわが国財務会計発展の特徴」『會計』第158巻第2号，7頁。
2）野尻和仁「日本における財務報告制度」『第一経大論集』第28巻第1号，5頁。
3）武田安弘，前掲稿，7-8頁。
4）武田隆二著『会計学一般教程』中央経済社，1986年，22頁。
5）中村忠「制度会計のデザイン」中村忠編著『制度会計の変革と展望』白桃書房，2001年，2頁。
6）飯田穆「商法会計とその現代的課題」青木・小川・木下編著『社会発展と会計情報』中央経済社，1993年，97頁。
7）中村忠，前掲稿，2-3頁。
8）http://www.asb.jp

第3章　韓国の会計制度

は　じ　め　に

　韓国では1997年初期から企業の大型倒産や金融危機などを経験し，大規模な経済構造変革が行われた。会計ビッグバンとも称する会計制度変革は，この経済構造変革の中心的な課題として位置づけられ，会計基準の新制定，改定，新しい民間の会計基準設定主体の設立，監査基準の設定主体の変更等，会計制度全般に広くわたるものであった。

　1999年9月，韓国の民間会計基準設定機関として韓国会計研究院が誕生した。韓国会計研究院は，プライベート・セクターとして会計基準の制定，改定などの機能を果たす。韓国の会計制度変革は1998年度から本格的に促進され，1998年7月，リース会計処理基準を初め，企業集団結合財務諸表準則，企業会計基準，金融業種別会計処理準則など国際的な水準に基づいて再改訂された。その意味では韓国の会計基準は国際的水準に達しているといえるが，しかし，会計変革の結果については否定的な評価や問題も少なくない。

　本章では，韓国における会計制度変革の現状を把握し，現在抱えている問題について，考察しながら，韓国会計の将来を展望する。

第1節　会計制度の変遷

　韓国の会計制度の変遷は，導入期，調整期，発展期，変革期に分けられる。韓国が日本から独立した1945年から1950年代までは韓国会計制度の導入期，

1960年代から1970年代は調整期，1980年代以後は発展期とされ[1]，その後，1997年11月，金融危機の発生による国際通貨基金（IMF））からの借款導入に対応し，1999年から韓国の会計制度は大変革を行い，会計制度は変革期を迎えた。

　1958年6月，財政金融委員会の企業会計準則制定分科委員会が中間報告として「企業会計原則」を公表したが，これが韓国企業会計基準の始まりであった。企業会計原則は財務諸表を作成するための原理と原則を定めている。当期業績主義による損益計算などが企業会計原則の基本的な立場である。同年7月，財務諸表の用語，様式，会計処理方法等を定めた「財務諸表規則」が財務部法令第169号として公表された。財務諸表は損益計算書，剰余金計算書，剰余金処分計算書，貸借対照表および各付属明細表から構成される。1962年には，商法が制定された。この商法は1945年日本から独立後，日本の商法にかえて制定されたのである。1974年7月には大統領令で「上場法人等の財務諸表に関する規定」が，また1975年4月には財務部令で「上場法人などの財務諸表に関する規定」が公表された。1980年12月に「株式会社の外部監査に関する法律（以下，外監法)」が制定され，同法第13条と同法施行令第6条の規定に基づいて，証券監督委員会が1981年「企業会計基準」を制定した。1984年に商法が改訂されたが，これは1962年商法を幅広く改正したものである。

　韓国の「企業会計基準」は1997年まで9次にわたって改正を行いながら発展してきた。さらに，1997年，韓国はIMFからの金融支援を要請するなど経済活動や経営活動に急激な変化が起きた。それに対応して韓国の会計制度の変遷は次のようにまとめられる。

・1998年　①企業会計基準は金融監督委員会によって制定されることとなった。

　　　　　②国際会計基準と調和化を目的として次の会計基準が全面的に再改定された。

　　　　　　a. リース会計処理基準
　　　　　　b. 企業集団結合財務諸表準則

　　　　　　c. 金融業種別会計処理準則
　　　　　　d. 企業引受・合併などに関する会計処理準則
　　　　　　e. 金融商品会計を含めた企業会計基準に対する解釈
　　　　　　f. 連結財務諸表準則
・1999年　　①民間会計基準制定機構として「韓国会計研究院」が設置された。
　　　　　　②外監法改訂。
　　　　　　③韓国会計研究院は政府の委任による会計基準設定機能と有価証券発行手数料の一部の支援を受けることの法的根拠を得た。
　　　　　　④財務会計概念体系発表（金融監督院の会計基準審議委員会制定）。
・2000年　　①外監法施行令改訂。
　　　　　　②韓国会計研究院の会計基準委員会による会計基準の改正本格化
　　　　　　③改訂外監法の規定による金融監督院は主要財閥グループに対して結合財務諸表の作成を要請した。
・2001年　　企業会計基準書第7号「金融費用資本化」まで制定される。
・2002年6月　2001年度の結合財務諸表作成対象グループが指定された。

第2節　会計制度の枠組

　韓国の会計制度は，商法，証券取引法及び税法と企業会計基準によって規制されている。商法，証券取引法及び税法は法令であり，企業会計基準は，会計の規範として韓国のすべての企業が会計処理に適用すべき統一化された会計基準である。

1　法　　令

　韓国の商法は，1945年日本からの独立後も引き続き適用されてきた日本の商法にかえて1962年に制定された。しかし，1984年に大幅に改正され，現在まで10余回改正されている。1984年改正は，過去20余年間の著しい経済成長に伴う

会計慣行等の変化に対応するための改正であって，かなり新しい会計慣行を取り入れた。特に改正商法では，商法に規定されていないものについては一般に公正妥当な会計慣行によるという規定を設けている。ここで会計慣行とは，会計規範となっている企業会計基準を意味している。また，株式会社の財務諸表内容及び開示は企業会計基準に基づいている。

証券取引法は，1962年に制定され，今日まで20余回にわたって改正された。証券取引法の目的は，有価証券の発行と売買，その他の取引を公正に行い，その流通の円滑化，投資家の保護を通じで国民経済の発展に寄与することであった。証券取引法の適用を受ける上場法人等を含む，資産総額70億ウォン以上の会社には，1980年に制定された「株式会社の外部監査に関する法律」すなわち，外監法により，公認会計士による外部監査が強制される。その会計処理と外部監査には，企業会計基準が適用される。

税法は国家の租税収入を確保するために1949年に制定され，現在までしばしば改正された。政府は企業の事業所得に一定の法人税を賦課するが，この場合税法は企業会計上の利益計算を，税法独自の立場から調整して課税所得を計算する。その結果，韓国では，公認会計士による外部監査を受けない中小企業では，唯一の規制は税務官庁による規制であるため，税法による会計処理を優先させることが多くなっている[2]。

2　企業会計基準

韓国では，日本から独立後，1958年に日本の会計基準を大幅に取り入れ，初めて「企業会計原則」が制定された。その後，韓国の急激な経済環境の変化に伴い，1974年，上場法人等に対する会計基準として従前の一般企業に対するものとは別に法令たる「上場法人会計規定」が制定された。そのため，会計基準の二元化が始まった。しかし，1981年に外監法に基づいて企業会計基準が制定され，上場法人に対する会計基準と一般企業に対する会計基準との一元化が達成された。その結果，企業会計基準は外部監査対象法人以外の企業の会計処理にも適用され，韓国のすべての企業はこの基準によって会計処理を行うように

なった。この企業会計基準は、日本の「企業会計原則」と「財務諸表規則」の両者に該当するものである。

韓国の企業会計基準は、アメリカの会計基準の影響が一層強く反映され、国際会計基準の影響も受けている。企業会計基準は、1981年制定以来、1997年まで9回改正されたが、その後も会計基準の設定主体が変るたびに会計基準は大幅に新しい形で改正された。会計基準の設定主体は、1998年1月、従来の財政経済部と証券管理委員会から金融監督委員会と証券先物委員会へ、2000年7月、金融監督委員会から韓国会計研究院の会計基準委員会へ移譲され現在に至っている[3]。また、韓国における会計規制には企業会計基準のみではなく「準則」と「解釈」が含まれており、業種別準則としては「建設企業会計処理準則」と「リース会計処理準則」及び「銀行業会計処理準則」がある。さらに「連結財務諸表準則」と「結合財務諸表準則」という別途の規定を設けているなど、13の準則と54の解釈がある。

第3節　会計制度の変革

1　会計制度変革の経緯

韓国の経済成長は1996年末に経済協力開発機構（OECD））へ加盟をはたすほど高成長率を見せていた。しかし、1997年11月、金融危機の発生によって大型企業倒産が相次ぎ、韓国経済は深刻な金融危機を迎えた。金融危機に伴った韓国の金融市場および労働市場は救助を受ける状態になった。国際通貨基金（IMF）は、世界銀行およびアジア開発銀行、日本、米国などから融資を受け韓国政府に支援を与えた。韓国はIMFから資金支援の条件として、通貨と為替政策、財政政策等以外に金融制度革新の一環として、会計監査制度の充実、ディスクロージャー制度の整備、会計基準および会計基準設定主体の整備などを要求された。その結果、韓国政府は韓国会計制度の変革方策を試みた。その主要な内容は、①韓国の会計基準および会計監査基準を国際的水準にまで上げること、②財閥におけるディスクロージャー要件を強化すること、③会計基準設

定主体をパブリック・セクターからプライベート・セクターへ変えることであった。IMFおよび世界銀行から救助調整資金を借り入れるための条件として会計基準設定機関の設立を約束した韓国政府は，会計制度の変革を迅速に進行させた。特に，IMFおよび世界銀行は，韓国の会計基準の内容を「国際的に見て最良の会計実務」にあわせるように要求し，模範とすべき具体的なモデルとしてIASを提案した。それに応じて，韓国金融監督委員会は当時の韓国会計基準とIASとの相違の解消を主要な目的として1998年企業会計基準の全面的な改正を行った

韓国金融監督院は内部に会計制度特別委員会を設置し，国際的な会計基準と比べて改善の必要性をもつ会計基準とディスクロージャーの検討を行った。これが韓国会計制度変革の始まりであった。同年7月，「リース会計処理準則」を始め，「企業集団結合財務諸表準則」，「企業会計基準」，「金融業種別会計処理準則」，「企業引受・合併などに関する会計処理準則」，および金融取引会計を含めた「企業会計基準に対する解釈」などが国際的なレベルに基づいて再改訂され，「連結財務諸表準則」も改訂対象になった。また，2000年1月には企業会計基準審議会によって「財務会計概念フレームワーク」が公表された。この「財務会計概念フレームワーク」は国際会計基準委員会の「フレームワーク」と類似する内容をもつ。以上の結果，韓国の会計制度は高いレベルの企業会計基準の体系を整備した。さらに，「財務会計概念フレームワーク」の制定は会計基準の制定及び解釈の統一性と一貫性の確保を促進した。

2 新会計設定機関の誕生

1999年9月，韓国に民間会計基準設定機関として韓国会計研究院（Korea Accounting Institute：KAI）が誕生した。KAIは，1999年6月，韓国証券取引所及び大韓商工会議所を初めとする13の団体が参加して，発起人大会兼設立総会を開催して定款を定め，会計研究院を構成し，発足したものである。2000年1月には「株式会社の外部監査に関する法律」第13条第4項が新設され，金融監督委員会が会計処理基準に関する業務を専門性を備えた民間法人または団体

に委託することができる根拠が整備された。同法施行令第7条の2では会計基準設定機関として韓国会計研究院を指定し，これに従って韓国会計研究院は2000年7月から専門的で独立した民間の会計基準設定主体になり，会計基準の設定，改訂，解説等の業務を行うようになった。韓国会計研究院の組織は図表1で見られるように，会員総会，理事会，会計基準委員会，会計基準諮問委員会，審議委員会，研究調査室から構成されている。

　会員総会は，韓国公認会計士会，大韓商工会議所，全国経済人連合会，中小企業協同組合中央会，韓国上場会社協議会，全国銀行連合会，韓国証券協会，投資信託協会，生命保険協会，大韓損害保険協会，韓国証券取引所，金融監督院，韓国会計学会，（株）コスタック証券市場，コスタック登録法人協議会の15機関で構成されている。会員総会の役割は，主に韓国会計研究院の運営に必要な財政的支援を行い，その院長，理事および会計基準委員会の常任委員の人

図表1　KAIの組織と役割

```
┌─────────┐
│ 会 員 総 会 │ ────────（財政的支援と常任委員の人事を行う）
└─────────┘
    │
┌─────────┐
│ 理 事 会  │ ────────（委員会の運営方針と会計基準委員会の
└─────────┘              非常任委員選出する）
    │
┌─────────┐
│会計基準委員会│────────（会計基準設定，改正，解釈を行う）
└─────────┘
    │       ↑
    │   ┌─────────┐
    ├───│会計基準諮問 │────（会計基準設定に関する諮問業務を
    │   │ 委員会   │      行う）
    │   └─────────┘
    │   ┌─────────┐
    ├───│ 審議委員会 │────（案件として上程された質疑に対す
    │   └─────────┘      る改新案を審議，決定）
    │
┌─────────┐
│ 研 究 調 査 室 │────────（基礎研究・調査）
└─────────┘
```

出所：http://www.kasb.or.kr

事を行う。理事会は，韓国会計研究院院長，会計基準委員会常任委員および会員総会で選任された9人の理事で構成される。理事会の役割は，主に会計基準委員会と会計基準諮問委員会の運営全般に関する基本方針を決定し，会計基準委員会の非常任委員を選任する。会計基準委員会（Korea Accounting Standard Board；以下，KASB）は，韓国会計研究院の院長と常任委員および5人の非常勤の委員から構成される。KASBは会計基準の制定・改定・解釈作業を遂行する役割を行っている。会計基準諮問委員会の構成は会計基準委員の常勤の委員と19人（大学教授11人，公認会計士業界5人，実業界4人）の非常勤委員の合計20名からなっている。会計基準諮問委員会の役割は，KASBに，①新しい企業会計基準の必要性，②すでに公布されている企業会計基準などの見直しの必要性，③企業会計基準の制定，改正案，④会計基準委員会の構成及び運営手続き，⑤会計基準委員会研究課題チームの組織と構成など主に会計基準設定に関する業務に対して諮問を行うことである。また，審議委員会は，韓国会計研究院長の要請に従って，案件として上程された質疑に対する決議案を審議し決定する。研究調査室は，2人の常任研究者と5大会計法人から派遣された公認会計士の実務研究者等で構成されている。その主な任務は，会計基準の設定・改訂等に関する基礎調査研究を遂行し，KASBの円滑な業務遂行を支援することである。

　KASBの目標は韓国の企業会計基準が最小限のIASの要求事項を満たすことである。これは現行の企業会計基準が新しい構造に転換された後には，「韓国の企業会計基準により作成された財務諸表は自動的に国際会計基準の要求事項を満たす」[4]ようになることを意味する。KASBは，2000年7月，韓国金融監督委員会が外監法施行令に基づいて会計基準制定業務を専門的な民間機関に委譲するように許容することを内容とする改訂施行令第7条2を発効するとともに，公式的な会計基準制定業務に取り掛かった。その後，図表2でみられるように，2002年現在までに財務会計基準書（Statements of Korean Financial Accounting Standards：SKFAS）11件と公開草案4件，討論書4件，研究報告書1件および1件の解釈を公表している。また，法人所得税，セグメント報

図表2　KAI・KASBの公表基準書等

IAS（コア・スタンダード）	KAI・KASB	公表年月
	財務会計基準書	
2　棚卸資産	10	2002. 8
8　期間純損益，重大な誤謬及び会社方針の変更	1	2001. 3
10　後発事項	6	2001. 12
16　有形固定資産	5	2002. 12改定
18　収益	4	2002. 12改定
23　借入コスト	7	2001. 12
32　金融商品・開示と表示	8，9	2002. 1
34　中間財務報告	2	2001. 12
35　廃止事業	11	2002. 12
38　無形固定資産	3	2002. 12改定
39　金融商品：認識と測定	8，9	2002. 1
	公開草案	
1　財務諸表の表示	02-16	2002. 5
11　工事契約	02-10.2	2002. 11
28　関連会社への投資に関する会計処理	01-15	2001. 12
37　引当金・偶発負債及び偶発資産	02-14.1	2001. 12
	討議資料	
7　キャッシュ・フロー計算書	10	2001. 2
21　為替レート変動の影響	13	2001. 8
24　関連者間取引の開示	12	2001. 2
36　資産の減損	16	2001. 11
	研究報告書	
19　従業員給付	7	2001. 2
	解釈	
20　国庫補助金の会計及び政府援助開示	61-71	2001. 12
	審議中	
12　法人所得税		2003. 5
14　セグメント報告		2003. 5
17　リース		2003. 5
22　企業結合		2003. 5
27　連結財務諸表及び子会社への投資の会計処理		2003. 5
31　ジョイント・ベンチャーに対する持分の財務報告		2003. 5
33　1株あたり利益		2003. 5

告,リース,企業結合,連結財務諸表及び子会社への投資の会計処理,ジョイント・ベンチャーに対する持分の財務報告,1株あたり利益については審議中である。

以上のように大幅な会計変革の結果,韓国の会計制度はIASとの大きな差はなくなるほどIASにかなり接近している。しかし,会計変革の結果については批判的な評価も少なくない。以下では,韓国会計制度変革後の韓国会計の現状について企業集団結合財務諸表(以下,結合財務諸表)を中心に検討する。

第4節　会計制度変革の成果と課題

1　結合財務諸表導入の根拠

韓国は,1997年,IMFからの救済金融支援のためにIMFとの協議過程で韓国の経済対策と産業構造調整に関連する多くの改善事項が要求された。その中で,韓国の大規模企業集団(以下,財閥または企業集団)が作成し開示する会計情報の透明性欠如の問題が深刻に提起され,IMF及び世界銀行から財閥企業の集団財務諸表作成の要求を受入れ,1998年に結合財務諸表が韓国政府主導の下で導入された。

結合財務諸表とは,企業集団の財政状態と経営成績及びキャッシュ・フロー等の財務情報を会計情報利用者に提供するために,企業集団が作成する財務諸表をいう[5]。企業会計基準第6条②には,「企業集団はその所属会社の財務諸表を結合した企業集団結合財務諸表を作成しなければならない」とされている。また,『企業集団結合準則』第4章の1において,財閥に結合財務諸表を作成・開示させる趣旨を次のように述べている。「個人とその特殊関係人が実質的経営支配力を有する財閥は,系列会社間の相互債務保証や社会通念から外れた資金貸借および財閥構成会社間の相互依存的な取引等を通じて1つの財閥構成会社のリスクが財閥内の他の系列会社のリスクと密接に関連し,経済的運命共同体を形成している。結合財務諸表は財閥を1つの経済的実体とみなし,財閥全体の財務状態・経営成績・キャッシュ・フロー,財閥構成会社間の相互

債務保証,相互担保提供,相互資金貸借,相互出資および内部取引の内訳など各財閥構成会社の個別財務諸表または連結財務諸表が提供できなかった有用な会計情報を提供することができる。このように財閥全体に対する会計情報が提示されると,財閥関連の会計情報の利用者はこれを利用し,特定財閥所属の構成会社または財閥全体に対する経済的・政策的意思決定をさらに合理的にすることができるようになる」[6]。したがって,結合財務諸表制度は韓国の財閥だけがもつ相互債務保証,相互持分保有などの独特の支配構造を反映して財閥グループの経営の透明性を確保する目的で導入されたものであるといえる。

韓国財閥の株式所有構造は図表3で見られるように,実質所有権をもっている特定個人及びその親族等の特殊関係人がすべての系列会社を支配する形態で株式を分散所有している[8]。

韓国財閥は次のような特質をもっている[9]。

① 株式所有関係が特定個人及びその特殊関係人を中心になっており,複雑で曖昧である。

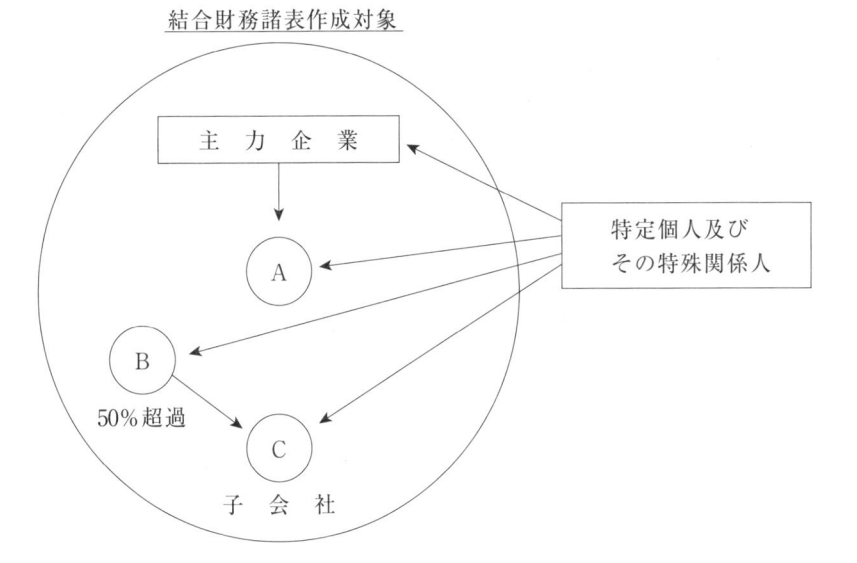

図表3　韓国型企業集団の株式所有構造[7]

結合財務諸表作成対象

②はっきりした親会社と子会社が存在しない。
③財閥内の会社間で株式の相互持合い，資金貸借，相互売買取引，相互支払保証等で財務・営業的に密接に連結されている。
④文化財団，または保険会社等が財閥の会社の株式を多く所有することで，特定個人の間接的支配を多く助けている。

以上のような財閥の特質のため，現行の連結財務諸表では，連結対象から除外される子会社が多く，実質的には子会社の半分も連結されない状況である[10]。

連結財務諸表は，親子関係のある2つ以上の会社を単一組織体としてみなして，親会社が当該親子会社の経営成績及び財政状態を総合的に報告するために作成するものである。連結財務諸表と結合財務諸表との主な相違点を比較すれば，図表4のとおりである[11]。図表4で見られるように連結財務諸表は会社株主の持分を中心に作成される。「韓国の30財閥は特定個人等の株主を中心に支配される場合が多く，株主持分を中心に作成される連結財務諸表のみでは30財閥集団全体の財務状態を正確に把握することはできない状況である。そのため，その会社株主の持分のみならず特定個人等の株主の持分を含めた範囲で作成される結合財務諸表が必要になってくる」[12]。

1959年に公表された，アメリカの会計研究公報（Accounting Research Bulletin）では，結合財務諸表に対する概念について次のように規定している。

図表4　連結財務諸表と結合財務諸表との比較[15]

区　　分	連結財務諸表	結合財務諸表
決定基準	持株基準及び支配力基準	実質的な経営支配力基準
連結範囲	過半数所有または30％以上の最大株主	系列企業群の属するすべての会社
支配持分の範囲	法人所有の持分	法人及び個人所有の持分
作成者	親会社	企業集団が選定した代表会社
作成理論	親会社理論中心	企業実体理論中心（少数株主の持分を区分表示しない）
主要利用者	親会社の利害関係者	企業集団の利害関係者

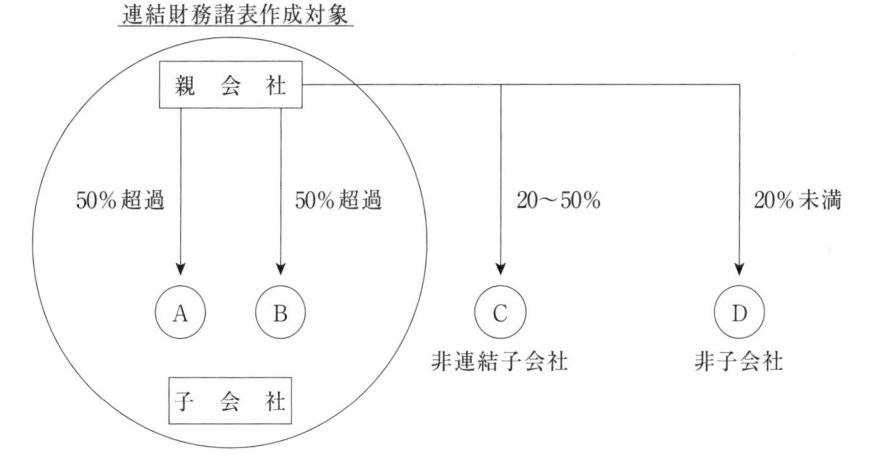

図表5　アメリカ型企業集団の株式所有構造

連結財務諸表作成対象

```
         親　会　社
    ┌────┬────┬──────┬────────┐
 50%超過  50%超過  20〜50%    20%未満
    ↓       ↓       ↓          ↓
   (A)     (B)     (C)        (D)
   子　会　社    非連結子会社   非子会社
```

「営業活動上係っている各種会社に対して特定個人が支配的に株式の持分をもっている場合には，連結財務諸表の代わりに結合財務諸表を作成する方が有利である[13]。」このような基準があるにもかかわらずアメリカでは結合財務諸表が実際には作成されていない[14]。その理由は，図表5で見るようにアメリカの場合，連結実体の株式所有構造が持株会社による支配形態であるため，連結財務諸表の作成だけで企業集団の経済的実態を充分に把握できるからである。

アメリカ型株式所有構造で投資関係に関する会計処理は次のように行われる。

① 親会社は子会社に対して50%超過の株式を所有することによって支配力を行使する。親会社を中心に支配会社と関連会社（連結対象会社）をあつめ連結財務諸表を作成する。

② 20%〜50%比率の株式を所有している投資会社と被投資会社は連結財務諸表対象から除外され，投資会社は投資勘定を設定して持分法（equity method）を通し被投資会社に対する持分を反映する。

③ 20%未満比率の株式を所有している投資会社と被投資会社は連結財務諸表作成対象から除外され，投資会社は投資勘定を設定し，原価法（cost method) を適用して配当金関連取引等, 制限された取引にたいして会計処理を行う。

2 結合財務諸表における期待と課題

韓国では，1998年4月24日，韓国外監法施行令で結合財務諸表を作成すべき企業集団を30大規模企業集団とすることを公表した。その企業集団の結合対象系列会社の範囲は金融業系列会社および海外系列会社を含む企業集団に属するすべての系列会社とした。このような財閥に対し結合財務諸表の作成義務が法制化されたことにより，証券先物委員会は，この制度の施行のために同財務諸表の作成および会計処理手続きに必要な結合財務諸表準則を1998年10月21日，制定した。韓国の「企業集団結合財務諸表準則」は外監法及びその施行令で規定された結合対象企業集団及び結合対象系列会社の範囲，結合財務諸表の種類等に関する基本趣旨を中心に，結合財務諸表利用者の開示要求及び結合財務諸表に対する会計監査の客観的基準の提供等に重点を置いている[16]。

財閥グループの結合財務諸表は1999年と2000年両会計年度に対してすでに作成公表され，2002年6月現在，2001年度の結合財務諸表作成対象グループが指定された。結合財務諸表作成対象財閥企業としては，現代，大宇，三星，LG，SK等30財閥の中で1,152社（例えば；現代139社，大宇248社，三星172社，LG128社，SK56社等）が選定された。これら財閥の経営内容を十分に把握するために，その会社株主の持分のみならず特定個人株主の持分を含めて，その企業集団の財務諸表を結合して，結合貸借対照表，結合損益計算書および結合キャッシュ・フロー計算書（韓国ではキャッシュ・フロー表）が作成される[17]。そのため，韓国特有の企業支配構造の下で連結財務諸表がもつ不備点を補完することは無論，公正取引等の政策の樹立や一般投資家の投資判断に有用な資料を提供することが期待される。すなわち，企業集団の場合，系列会社間の出資のみならず支払保証，売掛金，貸付金等で連結されている所属企業が不渡りを受けた場合，全体系列会社に影響をおよぼすためにそれに対する効率的貸借が期待されている[18]。

しかし，結合財務諸表会計制度は1999年と2000年の2年度にわたって施行される過程で持続的に財界と会計実務界の反対世論を浴びている。結合財務諸表準則を制定した証券先物委員会も，「結合財務会計準則」は実務へ適用するには負担が重過ぎるという会計基準適用上の困難性を問題視している。すなわち，①財閥を構成する企業の数が多く，相殺消去する内部取引の件数も多い，②系列企業の業種が多様であり，構成会社間で会計方法が統一されてないし，③決算期が分散しているので，結合財務諸表の作成は非常に困難であり，コストも大きいという非難である。結合財務諸表作成のための企業の負担が重過ぎると，企業集団秘書室や会長室が閉鎖され各系列会社の経営独立性が強化された状況が生じ結合財務諸表作成会社の選定，作成費用負担と配分などに対する迅速な合意点の導出が難しくなる。また，海外法人の場合持分関係がなかったり，持株率が低い場合，資料収集に相当な困難が発生する。

　さらに，2002年2月19日，全国経済人連合会では，結合財務諸表では財閥全体の経営成績をひとくくりにして評価するため，個別の企業価値を歪曲する可能性が高いと主張している。すなわち，企業集団系列分離や資産売却など企業集団内の変動が多い状況において結合財務諸表の期間別比較が無意味であり，企業集団間の業種構成や特殊性を考慮しないで画一的に内部取引比重や利子補償割合及び負債比率などを相互比較することにより情報を歪曲する可能性が高いことを理由に結合財務諸表を廃止することを主張し，3月には結合財務諸表作成対象企業集団を縮小することを主要内容とする建議書を政府に提出した。また，アメリカなど主要先進国のように連結財務諸表を主要財務諸表として開示する体制に切り替えるべきてあり，実質支配力で連結対象範囲を拡大する場合，結合対象範囲とかなり重複することから結合財務諸表による開示は有名無実である[19]という主張もある。

お わ り に

　韓国の会計制度は独立後の1945年から導入期，調整期，発展期の段階で改正を行いながら発展したきた。1997年，IMFからの金融支援要請や経済・経営活

動の急激な変化などによって韓国の会計制度は会計ビッグバンとも称するべき大変革が行われ，変革期を迎えた。特に，IMF及び世界銀行は，韓国の会計基準の内容を「国際的に見て最良の会計実務」にあわせるように要求し，模範とすべき具体的なモデルとしてIASを提案した。それに応じて，韓国金融監督委員会は当時の韓国会計基準とIASとの相違の解消を主要な目的として1998年企業会計基準の全面的な改正を行った。その結果，「リース会計処理準則」，「結合財務諸表準則」，「企業会計基準」，「金融業種別会計処理準則」その他にも多くの基準が改正された。2000年には企業会計基準審議会によって国際会計基準委員会の「フレームワーク」と類似した「財務会計概念フレームワーク」が公表された。さらに，独立した民間会計基準設定機関（KAI）も設立された。

　以上のような金融危機後の韓国の会計制度変革の意図は，国際化という名目で国際会計基準とアングロ・サクソン制度を政府主導下で推し進めることに置かれた。そのため，変革の意思決定はきわめて早く，変革の内容も形式面では先進化されているといえる。また，会計情報を透明化させるために企業会計と外部監査分野に対する強力な会計変革の計画実践，特に，独立した民間の会計基準制定機関の設立や上場法人に対する社外取締役と監査委員会制度の強化などにより企業会計情報と監査の透明性及び信頼性が向上したことは高く評価されている。

　しかし，短期間で十分考慮してない状態で行われた会計変革は政府単独で意思決定がなされたため実行性がないという批判をあびている。特に，結合財務諸表に対する財界と会計実務界の反対世論として，会計変革があまりにも短期間で行われたため，会計基準の過重負担や会計実務への適用の困難性が指摘されている。また，経営条件の変化と共に結合財務諸表の必要性は低く，その施行を廃止すべてあるという主張が強い。現場の見解を反映させることなく政府主導の一方的な改革であったことが会計変革の実効性を低下させたといえる。韓国における現実と新たに導入される制度が一致しない部分に対する詳細な分析に基づく制度の補完が不可欠であると思われる。

1）権泰殷『韓国会計制度論―会計基準の継受に関する研究―』同文舘出版，1998年，4-5頁。
2）権泰殷「韓国の会計制度」権泰殷編著『国際会計論』創成社，2004年，83-84頁。
3）権泰殷，前掲稿，84-85頁。
4）企業会計基準審議会（KASB）「2000」『企業会計基準書』韓国会計研究院。
5）企業集団結合財務諸表準則、第1章3。
6）企業集団結合財務諸表準則，第4章1。
7）高完錫「財務諸表の情報有用性に対する批判的考察」『会計と監査研究』第34号，195頁。
8）権泰殷「韓国における結合財務諸表制度の導入について」『名古屋外国語大学国際経営学部紀要』1999年，第6号，4頁。
9）南相午『第2版会計理論』茶山出版社（ソウル），1996年，762-764頁。
10）権泰殷，前掲稿，5頁。
11）権泰殷，前掲稿，8頁。
12）権泰殷，前掲稿，5頁。
13）ARB No.51.Consolidated Financial Statements, AICPA, 1959, Par. 22。
14）権泰殷，前掲稿，5頁。
15）権泰殷，前掲稿，8頁。
16）権泰殷，前掲稿，9頁。
17）徳賀　芳弘「韓国におけるIASへの対応」日本会計研究学会特別委員会報告『国際会計基準導入に関する総合的研究』2003年，127頁。
18）ジョウ　ジョン　チャン「結合財務諸表制度の導入趣旨および運用展望」『月刊公認会計士』1998年2月，23-24頁。
19）チェジョンソ「韓国の会計改革」『月刊公認会計士』1998年2月，29-30頁。

第4章　シンガポールの会計制度

第1節　会計制度の変遷

　シンガポールは香港とともにアジアにおけるイギリスの直轄植民地であった。1959年イギリスから独立し，マレーシア連邦に属したが，1965年にはマレーシアから分離独立した。英語と中国語（北京語）が主要な言語であり，マレー語とタミール語もまた広く使用されている。経済は強力に急成長を遂げた。シンガポールは国内総生産に対する受入海外直接投資の比率が世界でもっとも高い。農業の国内総生産に占める比重は小さく，ハイテクの高付加価値製品の製造，金融サービスおよび中継貿易が主要な経済部門である[1]。

　シンガポールの企業形態には，個人企業，パートナーシップ企業および会社という3つの形態がある。個人企業およびパートナーシップ企業は企業登記法（Business Registration Act）にもとづいて企業登記官あてに登記しなければならない。そして，財務諸表は毎年提出する必要はないが，登記は毎年更新しなければならない。会社形態をとる企業は会社法（Companies Act：CA）の規制を受け，公認会計士による外部監査が義務づけられている。会社には株式有限責任会社，保証有限責任会社，無限責任会社の3つの形態がある。これらの会社はすべて，会社登記所に登記しなければならない[2]。

　シンガポールの会計制度の重要な発展は，スタンフォード・ラッフルズ（Stamford Raffles）が現在のシンガポールの地を自由貿易地域として開発する

図表1　1950年以前のシンガポールの歴史

	年　度	内　　容
(1)	1819 〜 1823年	シンガポールがブリティッシュ・ベンクーレン（現在のスマトラ）の保護領であった時代。
(2)	1823 〜 1826年	シンガポールがインド政府の直接の支配下にあった時代。
(3)	1826 〜 1867年	シンガポールが海峡植民地（ペナンやマラッカを含む）の一部となり，1830年から1867年までインドのイギリス総督府の支配下に置かれた時代。
(4)	1867 〜 1946年	海峡植民地が直接の植民地支配下に置かれた時代。
(5)	1946年	シンガポールが単独の植民地になった時。

ための許可をインドのイギリス総督府から得た後，19世紀初めに進んだ。図表1は1950年以前のシンガポールの歴史を5段階に分けたものである。図表1から推測されるようにシンガポールの会社関係の法律はインドによる影響を大いに受けている。さらにインドの法律はイギリスからもたらされており，特に1844年および1855年のイギリス株式会社法に拠っている。それゆえに，最近までのシンガポールの会社法は，インドを通じてイギリスの法律の影響を強く受けている。こうしてシンガポールの財務報告実務はイギリスの植民地時代に形成された。シンガポールで最初の商業会議所は1837年に中国商人によって設立された。しかし，貿易の拡大にもかかわらず，シンガポールにおいて会計士の全国組織の設立を承認する法律が通過したのは1963年の6月であった[3]。図表2は1960年代からのシンガポールにおける会計制度の変遷である[4]。

　1963年，マレーシア連邦はイギリスから独立し，シンガポール会計士協会法（Singapore Society Accountants Act；SSAA）によるシンガポール会計士協会（Singapore Society of Accountants；以下SSA）を設立する等，シンガポール会計士団体が活動を始めた。1965年にシンガポールはマレーシア連邦から独立し，シンガポール共和国が成立した。1967年には会社法が制定されたが，その内容はイギリス・オーストラリア・マレーシア会社法の影響を強く受けている。

　1970年，SSAは①財務諸表の開示基準，②監査報告書と限定事項，③目論見

図表2 シンガポールにおける会計制度の変遷

年度	内　　　　容
1963	シンガポール会計士協会(Singapore Society of Accountants；SSA)及びシンガポール証券取引所(Security Exchange of Singapore；SES)設立
1965	シンガポール共和国成立(マレーシア会社法)
1967	会社法(Companies Act；CA)制定
1970	公報(Bulletins)公表
1975	国際会計基準委員会(International Accounting Standards Committee；以下IASC)に参加
1977	会計基準委員会(Accounting Standards Committee；ASC)設立 会計基準書(Statements of Accounting Standard；SAS)公表
1983	会計実務勧告書(Statements of Recommended Accounting Practice；RAP)公表
1985	監査実務書(Statements of Auditing Practice；SAP)公表
1987	会計士法(Accountants Act；ACT)改正 シンガポール公認会計士協会(Institute of Certified Public Accountants of Singapore；ICPAS)および会計士審議会(Public Accountants Board；PAB)設立
1997	シンガポール監査基準書(Singapore Standards on Auditing；SSA)公表

書に対する会計士報告書,④監査人の研究と内部統制の評価の4つの公報を発表し,1975年にはIASCに参加した。SSAによって発表された『公報』はIASの影響を強く受けて改正された。SSAは,1977年に会計基準委員会(Accounting Standards Committee；以下ASC)を設立し,ASCはIASを国内基準化した会計基準書(Statements of Accounting Standard；以下SAS)を公表した。ASCは,『公報』を改正し,IASおよびIAS公開草案を初めて『公報』に採用した。1977年に改正された公報1号は,IAS第1号から第5号および公開草案7号を採用したものである。

　1983年,SSAは会計実務勧告書(Statements of Recommended Accounting Practice；以下RAP)を公表した。RAPには,第1号A「財務諸表作成と表示のフレームワーク」,第1号「財務諸表の開示基準」,第3号「付加価値情報の開示」,第4号「将来の財務情報の会計」,第5号「オフバランスと粉飾」,第6

号「慈善事業の会計」がある。RAP第1号は日本の企業会計原則または財務諸表規則に相当し,シンガポール公認会計士協会が望ましいとしている会計実務を勧告したものである[5]。

SSAは,1987年会計士法（Accountants Act 1987 ; ACT）の改正によりシンガポール公認会計士協会（Institute of Certified Public Accountants of Singapore ; 以下ICPAS）と会計士審議会（Public Accountants Board ; PAB）とに区分された。ICPASは,SSAがこれまで公表した会計基準書などの改正を行い,1997年にシンガポール監査基準書（Singapore Standards on Auditing ; SSA）を新たに公表した[6]。

第2節 会 計 規 制

1 会計基準設定主体

シンガポールにおける会計規制はシンガポール公認会計士協会（ICPAS）や会計士審議会（PAB）,証券産業審議会（Securities Industry Council ; SIC）のプライベート・セクターとシンガポール議会や財務省などのパブリック・セクターによるものに区分される。

ICPASのメンバーは,実務委員（シンガポールおよびその他の国の会計士）,非実務委員（協会の規則にしたがって登録）,名誉会員（公認会計士協会審議会の75％以上の承認を得たもので,主として退職者）,暫定会員（協会の規則にしたがって登録）で構成されている。さらに,ICPASは,会計基準委員会,監査実務委員会,会社法委員会,財務諸表リビュー委員会,論理委員会等多くの委員会を有している[7]。ICPASは,シンガポールの会計基準設定主体であり,その機能は,①会計士の登録,②協会の入会資格の決定,③会計実務の管理・規制,④不名誉な行為・実務の抑制,⑤その他会計士法で規定されている項目で定められている[8]。

会計士審議会は1987年,会計士法の改正によりICPASとともにSSAから分離されたものであり,主として会計士の登録および管理を行っている。証券産

業審議会 (SIC) は証券産業法 (Securities Industry Act) によって1973年に設立され,財務省・証券取引所・会社登記所に対し様々な勧告を行っている。財務省に対しては,証券産業全般,特に投資家保護の観点から,また証券取引所に対しては,上場規定・不公正取引などを,さらに会社登記所に対しては,企業活動に関する様々な勧告を行っている[9]。

また,パブリック・セクターであるシンガポール議会は,財務報告に関するすべての法令を審議する。財務報告に関する明細書は財務省による勧告にもとづいて法令で規定されている。パブリック・セクターにおける主要な財務報告規制団体として,会社登記所とシンガポール通貨管理局 (Monetary Authority of Singapore) がある。会社登記所は会社法と事務登記法にもとづいて,シンガポール通貨管理局は証券産業法と先物取引法にもとづいて,それぞれ企業の管理を行っている。会社登記所とシンガポール通貨管理局はいずれも財務省の下部組織であり,企業に対する財務報告規制にかなりの強制力を持っている。

2 会 計 基 準

シンガポールの会計基準は会社法とSASおよびRAPからなり,会社法に規定されていない会計処理および表示方法に関わる基準はSASやRAPに規定されている。

シンガポールの1990年会社法は,すべての会社に会計帳簿その他の記録の保存を義務づける。会社法第9条には,会社が財務報告書(損益計算書,貸借対照表)の作成においてしたがわなければならない最低限の法令上の規定が記されている。当初のイギリス法の継承の中で,会計は「真実かつ公正な概観」の概念に基づかなければならないという原則がある。会社法第9条は,取締役と会社との利害および報酬について開示することを要求する[10]。

SASの多くはIASを承認し,国内基準化したものであり,1997年現在,シンガポールのSASは第1号から第29号まで公表されている。SASのなかで第6号「一株当たり利益」はイギリスの会計基準制定委員会「標準会計実務基準 (Statement of Standard Accounting Practice)」をもとにICPASが作成したもの

である。また，SAS第28号「商品およびサービス税の会計処理」は国際会計基準に該当しないシンガポール特有の会計基準書である[11]。

第3節　財　務　報　告

1　財務諸表の体系

シンガポール会社法は，会社設立年度においては会社設立後18ヵ月以内に，会社設立後の年度においては年1回，株主総会開催日の6ヵ月前までに貸借対照表および損益計算書を作成することを企業の取締役に要求している[12]。また，会社登記所に対し，株主総会開催日の1ヵ月以内に，年次報告書の提出を義務づけている[13]。年次報告書の構成は，取締役報告書，取締役声明書，監査報告書，監査済み貸借対照表，監査済み損益計算書，財務諸表の注記事項である[14]。

2　財務諸表の様式

(1) 個別財務諸表

貸借対照表についての主要な内容は，① 会計方針の記述，② 項目群の見出し，③ 資本金，資本剰余金，利益剰余金，未処分利益の内容，④ 法人税債務，⑤ 長期負債，繰延債務，流動負債，偶発債務，担保付負債，⑥ 将来の資本的支出，その他の先物契約，⑦ 資産の分類，⑧ 有形固定資産，無形固定資産，長期投資，⑨ 子会社，関連会社，持株会社，⑩ 流動資産，在外資産，繰延費用である。また，損益計算書についての主要な内容は，① 売上高またはその他の営業収益，② 特別損益控除前利益（損失），③ 減価償却および無形固定資産の償却，④ 特別損益，前期損益修正，会計方針の変更，基本的誤謬の訂正，⑤ 特別な事例，⑥ 配当金である。

(2) 連結財務諸表

シンガポールでは会社法上，子会社を有するすべての企業は，原則として連結財務諸表を作成しなければならない。シンガポールのSASで規定されている

連結財務諸表は主要財務諸表として位置づけられ，その種類は，① 連結損益計算書 (Consolidated Profit and Loss Account)，② 連結貸借対照表 (Consolidatd Balance Sheet)，③ 連結キャッシュフロー計算書 (Consolidated Cash Flow Statement)，④ 連結財務諸表の注記事項 (Notes to the Accounts) がある。

シンガポールSAS第26号は，IAS第27号を国内基準化したものであり，そこでは「連結財務諸表および子会社に対する投資の会計処理」が規定されている。連結損益計算書では，売上高（または営業収益）から営業利益（または税引前利益）までの計算過程が連結損益計算書の中で開示されていない。その内訳は，連結財務諸表の注記事項において開示されている。

連結貸借対照表では，すべての企業が固定性配列法を採用しており，勘定科目の配列は固定資産からの開示と自己資本からの開示の2通りの方法が見られる。しかし，シンガポールの会社法や会計基準等ではその配列について，特に規定されていない[15]。

(2) キャッシュフロー計算書

SAS第7号の「連結キャッシュフロー計算書」はIAS第7号を国内基準化したものであり，シンガポールでは，個別キャッシュフロー計算書の開示は要求していない。連結キャッシュフロー計算書を開示すべき会社の範囲は，①全ての公開会社，②財務諸表の公表が規制されている公開会社以外の会社，③収益合計または資産合計が500万ドル（シンガポールドル）以上の会社である。しかし，シンガポールで設立された会社によって完全に所有されている会社や会社法で規定された非公開会社はその範囲に含まれていない[16]。

第4節　会　計　監　査

1　会 計 監 査 制 度

シンガポールでは会計監査人は会社法にもとづいて会計監査を行わなければならない。シンガポールでのすべての会社は会社法の規定にもとづいて公認会

計士を監査人に選任し，毎年1回その監査を受けなければならない。さらに，一定の小規模・同族会社を除いたすべての会社は，監査報告書を添付した決算報告書を会社登記所に提出し，公衆の閲覧に供さなければならない。会社は会社設立後3ヵ月以内に会計監査人を任命しなければならず，会計監査人の任期は第1回年次株主総会終了までである。以後，毎年，株主会社で会計監査人を選任し，任期は次の年次株式総会終了時までである。

　ICPASが公表している監査ガイドラインのステートメント（Statements of Auditing Guidelines；SAG）には国際監査基準を原則としてすべて採用している。SAGは，同第12号「虚偽不正および誤謬」に関する箇所において，監査の過程で会計監査人が刑法およびその他の法律に違反する行為を発見したときは，財務大臣等に対し，その事実を報告する義務を負うとしている。

　会計監査人はSAGに準拠して監査を実施するとともに必要な手続の実施を経て，監査報告をしなければならない。監査報告は株主総会開催日後の1ヶ月以内に会社登録官（Registrar of Companies）に提出しなければならない。

2　会計士制度

　シンガポールでは税理士の制度はなく，税務業務も会計士が担当する。会計士資格の審査はシンガポール公認会計士協会で行う。公認会計士として登録するためには，年齢は21歳以上で，人格高潔かつ評判が高く，シンガポールの法令に精通していなければならない。また，外国の公認会計士も，最終試験の合格，実務経験，シンガポール法令に関する試験への合格，シンガポール事務所を持っていることなどを条件として，シンガポールの公認会計士として登録できる[17]。

第5節　今後の展望

　シンガポール会計制度の特徴は，①すべての株式会社が会社法によって公認会計士による外部監査が義務付けられていること，②会社法ではすべての会社

が株主総会開催日以後1ヵ月以内に会社登記所に年次報告書を提出すること，③イギリスの会計基準を参考にした基準もあるが，会計基準書の多くがIASから導入するなど，IASの有用性を強く認識していることである。すなわち，シンガポールでは，すべての株式会社が会社の規模に関係なく，会社法によって公認会計士による外部監査を受けることになっている。また，登記事項および財務諸表の閲覧制度が存在し，年次申告書は会社の財務諸表，取締役報告書，取締役声明書などを含んでおり，会社登記所においては誰もが会社の登記事項や財務諸表の内容を閲覧することができる。さらに，シンガポールでは，現地企業がシンガポール資本市場において資金調達する場合と，海外企業がシンガポール証券取引所に上場する場合においてIASが有用であることを強く認識している。

　シンガポールの会計制度上の枠組みはイギリスの会計制度に依拠しており，委員会が会計基準を制定するのではなく，IASに依拠して必要な場合には修正するなど会計基準設定プロセスがかなり単純である。シンガポールのSASの多くはIASを国内基準化したものであり，IASの規定がない場合には，たとえば「一株当たり利益」や「商品およびサービス税の会計処理」に関する会計基準書のようにイギリスの基準に依拠することになる。一般的に，シンガポールの会計基準設定主体は，IASがイギリス会計基準のインフォーマルな影響力を政策的に代用するのに適当であると認識している。シンガポールにおいて採用されない国際会計基準は，価格変化に関するIAS15号，超インフレ経済に関するIAS29号，銀行業に関するIAS30号および退職金に関するIAS19号である。IAS19号は，シンガポールの年金制度とはほとんど関連がないものとして採用されなかった。金融商品（Financial instruments）に関するIAS32号は検討中である。

　また，IASCの比較可能性プロジェクトの結果として修正されたIASは，シンガポールにおいて部分的にしか賛同されなかった。準備金による営業権の償却の禁止，営業権の償却期間の制限，特別項目のより厳密な定義，一定の長期契約に関する契約完了基準（completed contract method）の禁止といったIAS

の変更は必ずしも受け入れられなかった。しかし，イギリスと同様に，固定資産の再評価は認められている。繰延税金に関する規定も認められている。営業権はイギリスと同様に準備金の取り崩しにより償却を行う。

以上，シンガポールの会計はIASに規定がない場合にはイギリスの基準にしたがっており，いまだにイギリスの影響を受けている状態であるが，しかし，IASがシンガポール会計基準であると考えられるほど，シンガポール会計基準はIASとほとんど同様のものとなっている。

1) Baydoun, N., A. Nishimura and R. Willet, *Accounting in the Asia-Pacific Region*, John Wiley & son, Singapore, 1997, p.102.
2) 大雄令純「シンガポール会計制度」『アカデミア経済経営学編』1984年5月，193-194頁。
3) Baydoun, N. et. al., *op.cit.*, p.110-117.
4) 松田修「シンガポールにおける財務報告制度」『名古屋女子商科短期大学紀要』第38号，1998年，184頁，表1参照。
5) 松田，上掲稿，191-192頁。
6) 武田安弘編著『財務報告制度の国際比較と分析』税務経理協会，2001年，460頁。
7) *Accountants* Act (ACT) 1987, para. 26.
8) *Ibid.*, para. 5.
9) Cooke, T. E. and R.H. Parker, *Financial Reporting in the West Pacific Rim*, Routledge, 1994, p. 271.（松田，前掲稿，188頁参照）.
10) Baydoun, N. et. al., *op. cit.*, pp. 111-112.
11) 大雄令純「シンガポールの会計制度」『アカデミア経済経営学』1984年5月，198頁。
12) *Companies Act*. Revised Edition, the Republic of Singapore, 1994, para. 201.
13) *Ibid.*, para. 197.
14) *Ibid.*, 1994, Eight Schedule.
15) 松田修，前掲稿，193-194頁。
16) *SAS7*, Forward.
17) 秋山純一『国際会計実務詳解』中央経済社，1999年，96-98頁。

第２部　会計方法選択に関する考察

第1章　会計方法選択の重要性と多様性

は じ め に

企業は, 一つの会計事実に複数の会計方針が存在するとき, 選択可能な会計方針の集合から一定の選択基準に基づいて特定の会計方針を選択する。企業の影響力の増大に伴って, 企業会計が, いかなる考え方に基づいて, いかなる方法手続によって処理され, そして, その結果いかなる形式で開示されるかは, 財務諸表を利用する利害関係者にとってきわめて重要な問題である。また, 企業の国際化にともなって, 各国の会計処理方法の多様性の認識, 多国籍企業の会計処理方法の選択問題の検討が重要となる。

第1節　会計方法選択の理論的枠組

1　会計の認識対象と会計規範

企業は, その経済活動によって, 利益を稼得し, それを株主, 債権者, 政府等の利害関係者に分配する。このような企業の経済活動の結果の計数的把握の過程が, 会計の対象となる。したがって, 企業は, その活動によって生起する経済事象のうち会計事実として識別できるものを抽出する。そして, その会計事実に, 会計処理方法を選択・適用し, 会計数値に変換する。この会計数値は, 財務諸表または計算書類といわれる会計報告書としてまとめられる。会計報告書は, 基本計算としての損益計算書及び貸借対照表と, この基本計算書類を補足するための附属明細書等の補足計算書類から構成される。これらの書類

は，会計事実に「会計処理の原則及び手続」を適用して得られた計数的結果である。しかし，その計数的結果は，企業が採用した会計処理の原則及び手続により変化することになる。

以上のように，企業会計は，会計事実を認識し，そして会計測定の原則を適用することによってそれらを会計数値に変換し，さらに会計数値にもとづいて会計報告書を作成し，それらを利害関係者に伝達するシステムである。このように企業会計は測定システムと報告システムから成り，そこでの計数的結果としての事実認識は，その企業が適用する会計処理方法によって多様化する可能性がある[1]。

では，会計処理方法を規制するシステムはどうなっているのであろうか。会計上の規範は一般に［会計公準―会計原則―会計通則ないし会計準則］という階層的な体系としてとらえられる。会計公準は会計理論または会計原則を成り立たせる基礎的な要件であり，会計規範の土台となる下部構造をなしている。会計原則は，会計公準との関連で基本的会計公準の中にすでに含まれている当為命題を抽出したもので，会計公準と会計通則ないし会計準則との橋渡しの役割を果たしている。会計通則ないし準則は，会計規範のシステムでは上部構造をなしており，会計行為に対する関係では，より個別的・具体的なレベルの会計規範である。

企業は，このような会計規範の制約の中で，会計事実を認識し，それを会計数値に変換し，そして会計報告書を作成することになる。しかし，会計規範システムにおいて下部構造から上部構造に上がるにつれて，具体的な会計処理の原則及び手続きが明確化されると同時に，そこで選択可能な方法も多様化してくる。したがって，企業は一連の会計活動を通じて会計処理方法の選択という問題に直面することになる[2]。

2 会計測定と報告における制約要因

前述したように，企業の会計システムは測定システムと報告システムから成る。しかし，企業の会計活動は，測定技術上の制約と利用者能力に関する制約

という2つの制約要因によって規制されることになる。このような制約要因が，同一の会計事実に対するいくつかの代替的な会計処理方法を生み出す背景となり，さらに企業が選択する会計処理方法を規制することになる。

　測定上の制約は，測定上の正確性ないし信頼性についての制約であり，それらは，将来予測にともなう不確実性や測定上の客観性・検証可能性の欠如および貨幣単位の不安定性などの点から生ずる。企業会計は，貨幣単位による期間計算を基本的な前提としており，そこでは，期間計算にともなう会計測定上の不確実性が常に存在する。また測定単位としての貨幣価値の安定性が問題となる。このような状況は，企業会計における複数の代替的会計方法を生ずる背景となる。すなわち，唯一絶対の適切な会計処理方法が存在するのではなく，多様な会計処理方法が認められるのである。さらに，測定上の制約要因は，企業において，資本の委託者としての出資者とその受託者たる経営者との間に，エージェンシー関係が存在しているということからも生じる[3]。すなわち，次節で示すように，エージェンシー理論では委託者たる出資者と受託者たる経営者との間の利害の対立，あるいは協調関係の成立といった事象によって不確実性が生み出され，それが会計測定上の制約要因になるということを明らかにしている。

　しかし，会計測定上の制約要因に起因する複数の代替的会計方法の選択は，その測定結果の報告に伴って生ずる予想される影響によって，左右されることがある。すなわち，測定結果の報告を受ける利用者能力は，会計処理方法に制約を課すことになる。このような利用者能力の制約は，利用者の意思決定能力に限界があることから生ずる制約である。企業の外部利害関係者に対する報告は，不特定多数を対象とした一般的ディスクロージャーの性格を持っている。したがって，そこには報告者対外部利害関係者間，あるいは利害関係者相互間における利害対立の可能性がある。また，会計利用者には，会計報告書だけでなく会計報告と競合するような種々の情報源が存在している。したがって，情報入手において利用者間の不均衡が生ずる可能性もあり得る。このような企業を取り巻く利害関係者の能力等の制約は，企業が選択する会計処理方法を規制

することになる[4]。

3 「一般原則」相互間の関連の多様性

ここでは，日本の「企業会計原則」に規定される「一般原則」を取り上げ，「一般原則」相互間の関連の多様性が多様な会計処理方法を容認していることを指摘したい。

日本の「企業会計原則」は，アメリカにおける「一般に認められた会計原則」（GAAP）の思考に立って，慣習から帰納的に形成された慣習規範である。この「企業会計原則」は，「一般原則」・「損益計算書原則」・「貸借対照表原則」から構成されている。

「一般原則」は，「……しなければならない」とか，「……してはならない」といった規範的性格をもっている。その中には，「真実性の原則」，「正規の簿記の原則」，「資本取引・損益取引区分の原則」，「明瞭性の原則」，「継続性の原則」，「保守主義の原則」，「単一性の原則」の七つの原則が含まれている。

これらの原則は，測定に関する一般原則と報告に関する一般原則とに分けられる。測定一般原則には，「正規の簿記の原則」，「資本・損益区分の原則」，「継続性の原則」，「保守主義の原則」が属する。そして報告一般原則としては，「明瞭性の原則」および「単一性の原則」が挙げられる[5]。

「真実性の原則」は，七つの一般原則のうち中核となり，他の六つの諸原則によって具体化される。真実性の基本的理念に対して，「正規の簿記の原則」では，会計の測定過程の基礎として，正確な会計記録が要請されており，さらに「単一性の原則」とを結びつけた場合，会計記録に基づいた誘導法による財務諸表の作成が示唆されている。すなわち，それらは会計数値の検証可能性や安全性の要請と関連している。会計の真実性は相対的な真実であるので，会計は誰が計算しても同じ結果になるというものではない。そのため，会計行為の妥当性は相互主観的な検証可能性に依存することになる。この検証可能性は，複数の会計担当者が同一の会計事実を得る可能性が高いことを意味している。したがって，検証可能性は，会計上の測定・報告にかかわる利害対立と測定者

の裁量可能性および独立した第三者による監査に対してなされる要請である。

「資本取引・損益取引区分の原則」は，企業が本来的に維持すべき資本と，処分可能な利益とを区別すべき要請に関する原則である。企業の拠出分である資本が不明確ならば，資本主，債権者などの利害関係者は，当然受け取るべき所得を受け取り得なくなる可能性が生じる。そのことは，企業の経営活動の継続的維持を困難にする。したがって，資本と利益とを区別することは，会計上及び経営上において基本的に重要となる。

「保守主義の原則」は不確実性を前提として，リスク回避に関する要請である。すなわち，企業会計は分配可能利益の計算を目的の1つとすることから，評価損は計上するが，評価益は計上しない等の保守主義に基づく会計処理が行われるのである。次に「明瞭性の原則」は，利害関係者の企業の状況に関する判断を誤らせないように，会計報告の形式や内容に対してなされる要請である。そして「継続性の原則」は，会計上の処理の原則及び手続きを毎期継続して適用し，みだりにこれを変更してはならないとする原則である。それは，財務諸表の期間比較を有効にし，利害関係者の意思決定を援助する。ただし正当な理由があれば継続性の変更が容認される。

「重要性の原則」は，一般原則における正規の簿記の原則，明瞭性の原則，及び貸借対照表原則の注解として設けられている。したがって，重要性の原則は会計測定・報告のすべての面で作用する計算経済性の原則の適用形態である。その意味で，「正確な」計算・「正確な」報告に関する制約である。

しかしながら，ある特定の一般原則の過大な重要視は他の原則の軽視につながるというような矛盾が存在する。そのため，一般原則に従った会計処理方法は必ずしも単一ではないという問題が生じる[6]。したがって，会計処理方法の選択に焦点が当てられることになる。その選択によって一般原則の諸要求間の調整を行い，利害関係者の判断を誤らせないような会計実務が遂行されなければならない。次節では，このような会計方法の選択についての理論的側面を明らかにする。

第2節　会計理論と会計方法選択の重要性

1　会計理論と会計方法選択の問題

　会計理論には,「実証理論」と「規範理論」がある。「実証理論」は, 会計原論としての性格を有する現実解明型とでもいうべきものであり,「規範理論」は, 会計政策論としての性格を有する現実変革型とでもいうべきものである。「いかに会計処理すべきか」という規範的な問題を解決するためには, 会計目的の設定という価値判断とともに, ある会計処理がどのような影響をおよぼすかについての事実認識が必要となる。このように規範理論の根底には, 事実認識に関連する実証理論が存在するはずである。

　近年, 実証理論の立場からのワッツやジンマーマン（Watts, R. L. & Zimmerman）を中核とするロッチェスター学派は,「なぜある経営者はある会計処理方法を選択するのか」, あるいは「なぜ経営者は新しい会計基準案に対して賛成または反対の態度を示すのか」[7] といった会計処理方法の選択問題を調査研究対象としている。会計処理方法の選択は少なくとも2つのレベルでおこなわれる。一つは, 企業にある特定の方法で報告することを要求したり, または逆に望ましくないと考えられる方法を禁止する権限を有する機関によって行われる選択である。いま一つは, 個々の企業による代替的会計処理方法の選択である[8]。

　1960年代のアメリカの財務論の諸文献において支持される「効率的市場仮説」[9] のもとでは, 会計処理方法についての開示がなされているかぎり, いかなる会計手続きを適用するかによって株価が左右されることはないとされる。にもかかわらず, 会計処理方法を変更する企業の意図はどこにあるのであろうか。このことに関連して, FASBによる会計基準の経済的影響をめぐる議論が1960年代後半から1970年代にかけて, 活発となった。すなわち, FASBによるある会計基準の設定が, 企業の損益状況を悪化させ, 株価に悪影響を及ぼすことになる。それを回避するために企業が従来の行動を修正せざるを得なくな

り，ひいては国の経済全体に悪しき影響を及ぼすのではないかという主張がなされたのである。

会計ディスクロージャー規制が情報を送る立場である企業の行動に影響を及ぼす現象をプラカシュやラパポート（Prakash & Rappaport）は「情報インダクタンス」[10]（information inductance）とよび，経済的影響の問題の大半は，情報インダクタンスに起因していると指摘している。しかし，効率的市場仮説の立場からすれば，FASBのような会計基準設定機関の使命は，どのような情報をどれだけ開示するのかというディスクロージャーの問題に応えるものとなる。

それでは，会計基準の変更は，効率的市場仮説に依拠する立場から単なる会計表現上の変化にとどまるのであろうか。それとも，企業の所得の分配に実質的な変化を及ぼすものとなるのであろうか[11]。次項以降では実証理論の立場から，企業の会計処理方法選択の動機づけの過程を検討する。

2 エージェンシー理論と企業の会計選択

会計処理方法の選択の幅が認められている限りにおいて，企業の報告する利益額は，いかなる会計処理方法を選択するかによって変わってくる。実証理論に依拠して理論構築を目指すエージェンシー（agency）理論では，このような会計処理方法選択の問題を扱う。

エージェンシー理論では，組織を利己的動機に基づいて参加する個人間の代理的契約関係の連鎖からなるものと定義する。所有と経営が分離している現代の企業組織では，経営者は資本提供者である株主や債権者から資本の運用を委託される。この場合，株主や債権者は依頼人（プリンシパル；principal）になり，経営者はその代理人（エージェント；agent）になる。企業に参加する各主体がそれぞれ自己の私的利益を追求するものと仮定すれば，エージェントたる経営者の行動は情報格差を利用し，自己の利益を追求するものとなる可能性がある。このような現象をモラールハザード（moralhazard）という。モラールハザードが生じると，プリンシパルとエージェントの間には契約そのものが成立しないようになってしまう。そこで，それを防ぐために様々なコストを負担

する必要が生じてくる。

　株主の側では，経営者の行動を監視するためにモニタリング・コスト（monitering cost）が必要になり，他方経営者の側でも株主の信頼をつなぎとめるためにボンディング・コスト（bonding cost）を支払わなければならない。これらのコストはエージェンシー・コスト（agency cost）と呼ばれる。エージェンシー・コストは結局，企業が負担しなければならなくなり，その分だけ資本コストが上昇して期待業績が低下することになる。したがって，このエージェンシー・コストを引き下げることが，プリンシパルとエージェントの双方にとっての関心事となり，そのために両者の間で各種の契約が結ばれる。いずれにしろ，エージェントの行動を事後的にモニターするためには情報システムが必要となってくる[12]。

　会計数値とそれを生み出す会計システムは，まさにこの情報システムの一つとして，このモニタリングの機能を果たすことがその重要な役割として期待される。ワッツやジンマーマンは，会計手続が契約プロセスを通じてエージェンシー・コストに影響を与え，それが経営者による会計手続の選択に影響を与えると主張する。すなわち，彼らは，「もし会計が企業の契約プロセスの重要な部分であり，エージェンシー・コストが契約ごとに異なっているとすれば，会計手続きは企業の価値と経営者の報酬に対する潜在的影響力を持っている。もし，現在存続しているようなタイプの契約が，他のタイプの契約よりもエージェンシー・コストの引き下げにおいてより効率的であるならば，そのような契約において用いられている会計数値を計算するために使われた会計手続きは，他の代替的な手続きよりもより有用であるだろう。他の代替的な手続きを使うことは，エージェンシー・コストを引き上げ，そして企業の価値と経営者の報酬を引き下げることとなる」[13]という。

　このように，企業の契約プロセスにおいて会計は重要な役割を果たし，そのため会計処理方法の選択は，エージェンシー・コストを引き下げる方向でなされる。

3 経営者の会計選択とインセンティブ

　経営者による会計処理方法の選択を説明する理論には，先述のエージェンシー理論にもとづく契約プロセスによるものと，規範仮説を提唱するポリティカル・プロセス（Political Process）によるものがある。

　契約プロセスでは，エージェンシー・コストを変化させる要因を明らかにすることによって，経営者による会計処理方法の選択行動が解明される。ワットやジンマーマンは，そのような契約として経営者報酬制度と債務契約（debt agreements）を取り上げている。経営者報酬制度は，株主と経営者のコンフリクトを軽減させ，経営者を株主の利害にそって行動するように動機づけるシステムであり，ボーナス・プラン（bonus plan）がその典型的な制度である。ボーナス・プランは，「目標利益」を超過する利益の一定割合を経営者に与える制度である。この目標利益の測定にあたって会計数値が使用されることから，会計数値が重要な意味をもつことになる。したがって，報告利益を将来の期間から当期に移す会計手続を選択する傾向が強い。このように，経営者はボーナス・プランとの関係から自己利益を最大化するように，会計手続を選択・変更する動機をもつ。

　また，債務契約では，それをモニターするために監査済みの財務諸表を利用し，その中の会計数値を用いることによって経営者の行動を制約する。たとえば債務契約の中には，配当と株式購入の制限，運転資本の維持，合弁活動の制限，資産処分の制限などの条項が含まれる。これらは運転資本がある一定の水準を越えることを要求したり，長期負債比率と有形固定資産の一定の関係や，報告利益と利子の一定比率などを条件として追加的借入を認めるといった内容を有する。したがって，会計が債務契約のモニター・システムとして有効に機能するためには，経営者による会計数値計算に有効な制限が必要である。しかし，債務契約の不履行はコストを伴うものであるので，会計数値に基づいて違反を定めた契約は，企業に違反の確率を減少させる会計手続を選択させるというインセンティブを与えることになる。したがって，企業は資産を増加させ，負債を減少させ，収益を増加させ，さらに費用を減少させるような会計手続き

を選択するインセンティブを持つことになる。たとえば，負債／持分比率が高ければ高いほど，企業が選択する会計手続は報告利益を将来の期間から当期へ移す会計手続を選択する傾向がある。

　契約プロセスのほかに，企業の会計処理方法の選択行動にインセンティブを与えるものとしてポリティカル・プロセスがある。ポリティカル・プロセスでは，政治家や官僚も一般の人々と同じように利己的な行動をとると仮定される。ここで会計数値は様々な形で使用される。例えば，政治家による巨額な報告利益の独占の証拠としての利用，インフレーションを統制するための価格指標の設定，規制産業の料金政策，税務政策等においても使用される。また，政府の補助金や保護関税政策等においても使用されることがある。このようなポリティカル・プロセスにおいて，企業が富の移転によって価値犠牲をこうむる可能性がある場合には，企業はその価値犠牲を減少させる会計手続を採用する。企業規模に応じて政治的敏感さが変化すると仮定すれば，大企業ほど報告利益を将来期間に繰り延べる会計手続を適用する傾向が強いといえる。なぜなら，大企業は小企業に比較して政治的に敏感であり，また相対的により大きな富の移転（ポリティカル・コスト；political cost）を負担するからである。このことから，規模仮説が得られる[14]。

　先の契約プロセスの分析では，将来利益を当期利益に移転させる会計処理方法の選択がなされる傾向にあったが，ポリティカル・プロセスでは反対に当期の利益を将来の利益に繰り延べる会計処理方法の選択がなされる傾向にある。このように会計処理方法は単一ではないため，したがってそこには外部からの影響を考慮に入れた企業の自主的判断の余地があることを指摘できる。次節では，具体的に企業が自主的に判断し選択する会計処理方法の代表的なものとして，棚卸資産の評価方法の選択及び減価償却方法の選択について，各国（アメリカ，日本，イギリス，韓国）の現状を取り上げ，会計処理方法の選択適用に関する問題点を明らかにする。

第3節　会計処理方法と選択の多様化

1　棚卸資産の評価方法と選択の多様化

　棚卸資産会計は，原価集合，原価配分及び評価替えの三つの項目から構成される[15]。原価集合は，棚卸資産を取得するときに発生する支出項目のうち，どれを棚卸資産原価として組入れるかの問題である。この問題について，各国では図表1のように規定している。

　付随費用の取扱いについては，各国ともに，取得原価に含めているが，日本では，重要性の乏しい付随費用を原価に含めないことを認めている。また，製造原価の計算については，各国では直接費を原価に含めることを規定している。しかし，異常な状態での製造間接費は，各国ともに原価から除外する立場にある。したがって，正常な繰業度のもとで発生した製造間接費は，すべて原価に含められる。

　次に，原価配分は，取得原価を費消原価部分と未費消原価部分とに配分する手続きである。すなわち，棚卸資産の原価集合の認識後に，当該原価を期間的に費消した費消原価と費消されなかった未費消原価とに分割することが必要と

図表1　各国における棚卸資産の取得原価

アメリカ	・製造原価または仕入価額に付随費用を加算した額 ・異常項目は，棚卸資産原価に含めない ［ARB No. 43 Chap, 4, Opinion, Par. 5］
日本	・アメリカと同じ ・重要性の乏しい付随費用は取得原価に含めない ［企業会計原則・貸借対照表原則五・A，注1，原価計算基準第一章・五］
イギリス	・アメリカと同じ ・製造に関係する間接費は，正常操業度を前提として棚卸資産原価とする。 ［SSAP No. 8-9 Par. 18, 20］
韓国	・アメリカと同じ ［企業会計基準93条1］

図表2　各国における棚卸資産の購入単価計算方法

アメリカ	・最も明確に期間利益を表示する方法を選択する。 ［ARB No. 43 par.4,］
日本	・個別法，先入先出法，後入先出法，平均原価法，売価還元原価法を提示 ・期間損益の算定を指導原理として方法を選択することを勧告 ［企業会計原則「注解21」，連続意見書四・第一］
イギリス	・会社の置かれた状況に適合する方法を選択する。 ・基準棚卸法，後入先出法は「実際的原価」に近似するような関係になく，また最終仕入原価法は不適当である。 ［SSAP No. 8付録1，12，13］
韓国	・日本と同じ ・ただ，最終仕入原価法と売価還元法は認めない。 ［企業会計基準93条1，2，16条］

なる。この原価配分の手続きとしては，継続記録法と棚卸計算法が存在する。継続記録法は期中で棚卸資産の払出の都度，払出原価を直接に算定する方法である。他方棚卸計算法は期末に実地棚卸を行い実際有高を決定し，それを棚卸資産の原価総額から差引き，期中における払出原価を間接的に把握する方法である。

しかし，棚卸資産の購入単価が異なる場合には，当期の消費量をどの単価の棚卸資産の消費とみるかに応じて，原価配分が異なってくる。したがって，棚卸資産の費消単価の計算は，同時に原価配分方法を決定するという意味があり，このことは当期の利益の大きさに影響を及ぼすことにもなる。各国では，購入単価の計算法を図表2のように規定している。

複数の方法のうち，どれを選択適用するかについては，各国ともに棚卸資産の種類及び性質などを考慮して選択することを勧告している点では同様である。このような方法の中で例えば，先入先出法は物の実際の流れとほぼ一致する方法であり，貸借対照表価額が時価に近くなるため，期末における財政状態を概ね正しく示す。しかし，インフレーション時には異なる価格水準における収益と費用とが対応し，経済的に意味のない利益が算出され，棚卸資産利益が

発生することになる。他方，後入先出法では物の実際の流れをほとんど反映せず，棚卸資産の貸借対照表価額は時価を反映しないため期末における財政状態を正しく示さないが，インフレーション時には，収益と費用との同一価格水準での対応を可能にし，経済的に意味のある利益が算出され，棚卸資産利益を排除できる。このように，インフレーション時には，ストック面では先入先出法が，フロー面では後入先出法が長所をもつ。したがって，企業はその棚卸資産の原価配分法の決定にあたって，企業内部の財の性質およびその生産過程上の流れの考慮とともに，その時の経済状況を認識しなければならない。ここに企業の選択の余地があり，その選択の結果は利害関係者の判断を誤らせないようなものでなければならない。

評価替えとは，期末における棚卸資産の時価が取得原価を下回るときは，当該棚卸資産の用役潜在力が失われたものとして評価切下げを行う手続きをいう。資産の本質は将来の期間に利用し得る価値に求められるものであるため，その価値特性が失われたとき，価値の切り下げに関する評価替えが問題となる。

評価替えには，資産の評価減と低価法の適用による評価損の費用化処理との二つがある。評価減とは，時価の恒久下落にもとづく取得原価の低価的切捨てによる評価損の計上を示す。また，低価法とは，原価法に属する評価方法のうちいずれかの方法により算出した期末棚卸資産の評価額と，期末時価とのうちいずれが低い価額をもって期末評価額とする方法である。その低価法を適用する場合に問題となるのは，時価の決定の仕方である。図表3は，各国における低価法の適用の有無と時価を何に求めるかを示している[16]。

日本では，時価としては正味実現可能価額に優位性を認めながら，再調達原価との選択適用を認容している。イギリスも原則は正味実現可能価額としている。

棚卸資産に貨幣的性質を認めると，決算時点で時価が原価より下落している場合に，時価に修正することは，その棚卸資産によって得られるキャッシュ・インフローへの注目を喚起する。キャッシュ・インフローに関する情報は，利

図表3　各国における低価法の適用と時価の決定方法

アメリカ	・時価；原則，再調達原価　例外，正味実現可能価額 ・低価法の強制 ［ARB No. 43 Par. 4 Opinion 5, 6］
日本	・時価；原則，正味実現可能価額　例外，再調達原価 ・原価法と低価法との選択適用の容認 ［連続意見書第四・第一・二・1，企業会計原則・第三・五］
イギリス	・時価；原則，正味実現可能価額　例外，再調達原価 ・低価法の強制 ［SSAP No. 5, 26］
韓国	・時価；原則，再調達原価　例外，正味実現可能価額 ・原価法を原則とし，低価法は選択適用 ［企業会計基準93条2，3，5］

害関係者にとっても重要な意味をもっている。しかし，商品・製品等の販売資産にキャッシュ・インフロー概念を適用することは現実的であるが，原材料・仕掛品等の使用資産には再調達原価が適合する。この点に関して，日本では棚卸資産中に貨幣性資産と非貨幣性資産とが混在するという点に着目し，正味実現可能価額と再調達原価との選択適用を認めている。アメリカと韓国では原則として再調達原価をもって時価としている。その理由は，棚卸資産の次期繰越額は残存有用性を示し，その有用性は期末時点で再調達したとする場合の現在原価によって示されるとの立場をとるからである。しかし，正味実現可能価額が再調達原価より低くなっていれば，例外として正味実現可能価額を用いることを認めている[17]。

　低価法は，期間損益計算の見地からみれば合理的な方法ではないが，広く各国において古くから支持されてきた方法であって，原価基準の例外として認めるべきものである。期間損益計算の観点からみれば，期末棚卸資産の合理的な評価方法は原価法である。原価法にしたがっている場合にも，破損・品質低下・陳腐化等によって当該棚卸資産の時価が下落した場合には評価額を切り下げ，その原価の一部または全部を販売に先立って損失として処理しなければならない。しかし，低価法の採用の場合は，その棚卸資産は破損等による物質的

減価を受けておらず健全な状態にあるものでなければならない。すなわち,低価法は価値下落の事実のみをみて評価減を行うのであって,将来その時価の回復の可能性があるものである。したがって,低価法の適用による時価評価は,破損等による評価減とは厳密に区別しなければならない。

このように,低価法は理論的には多くの難点を有するにもかかわらず,将来に繰越す原価の回収可能性を「保守的」に見積もろうとする見地から歓迎され,実務上に広く定着し,企業は低価法を積極的に採用している。

2 減価償却方法の選択の多様化

一般に減価償却とは資産の原価をその使用可能な期間に,一定の基準に基づいて,規則的に費用として配分するとともに,その額だけ,資産の繰越価額を減少させていく会計上の手続である。また,減価償却は,原価など償却可能額の配分手続であって,資産の評価手続ではない。したがって,減価償却費は,資産の価値の増加にかかわりなく,償却可能額に基づいて各会計年度に賦課されなければならないものである[18]。

各国における減価償却の定義は,国ごとにその表現法には多少の差異はあるが,基本的には同じである。しかし,イギリスでは固定資産の再評価が自由に行われるので,それら固定資産の市場価額が帳簿価額を越えていることなどを理由に,自由保有建物もしくは長期貸借不動産について減価償却を行わない伝統がある。

減価償却費を計算するためには,取得原価,耐用年数及び残存価額の三つの要素を予め定めたうえで,取得原価を各期に配分するための減価償却方法を選択しなければならない。アメリカの会計実務では,期間比較性などの観点から定額法の適用が多く,また日本の会計実務では,定額法と定率法の適用がほとんどである。イギリスにおいては,具体的な減価償却方法は示されていないが,実務的簡便性から定額法が広く適用されている。韓国の場合も同様に,実務的に定額法が多く適用されている。このように,各国における減価償却の代表的な方法は定額法と定率法である。定額法は毎期の減価償却が定額となるた

め，原価計算または費用計算において減価償却費の平均化を図ることができる。他方，定率法は，はじめに多額の費用を計上するので，投下資本の早期回収が可能になる。

　以上のように，同一の会計事象に複数の会計処理方法が認められている。したがって，同一の会計事象であっても，企業間あるいは国家間で異なった会計処理がなされることになる。「いかなる場合にどの償却方法が採用されるか，または採用されるべきか」について統一された理論ないし指針は存在しないが，諸企業はこれらの減価償却方法の中から，その企業の実情を考慮してどれかを選択・適用しなければならない。また，減価償却は利益計算の問題であるとともに，資金の留保という財務上の問題でもある。すなわち，資金支出に結びつかない費用を，資金収入を伴った収益から回収することは，それだけの資金を企業内部に留保する，いわば自己金融の役割を果たすものである。会計上は利益の処分から厳格に区別される減価償却も，財務上は利益の留保と変わらない。したがって，減価償却方法の選択は，単に資本支出額の年度間配分の違いだけでなく，留保資金の再投資から新たに得られる利益の違いをもたらすことになる。したがって，企業が採用している会計処理の原則及び手続は継続して適用しなければならず，みだりに変更することはできないことになっている。図表4は，各国における減価償却方法の変更に関する事項を示す。

　以上のように，会計方法の継続性は，各国に共通する会計上の基礎的前提である。各国ともに同じく，原則としては会計処理原則の変更は不可であるが，その変更に正当性があれば否定するものではない。ただし，変更を認めうる正当性については，新しく採用する方法が従来採用していた方法よりも望ましいものであること，及び公正な表示をもたらすものであることを条件としている。このような継続性の変更を認めうる「正当な理由」は，企業の内的理由と外的理由に分かれる。内的理由は，企業の大規模な経営方針の変更などであり，また外的理由は，経済環境の急激な変化などである。それらの状況下で，会計処理を変更することにより企業会計が以前よりも合理的なものになる場合に変更が行なわれるのである。したがって，企業は減価償却方法の選択または

図表4　各国における減価償却方法の変更

アメリカ	○原則として会計処理原則の変更不可 ・新しく採用した会計処理原則が従来採用していた原則より望ましいものであることの立証及びその注記を要す。 ［ARB No. 20 Par. 15-17］
日本	○原則として会計処理原則の変更不可 ・正当な理由によって，変更した場合は，これを注記する。 ［企業会計原則注解「注3」］
イギリス	○原則として会計処理原則の変更不可 ・変更による理由を変更年度に開示する。［SSAP No. 12 Par. 21, 26］
韓国	○原則として会計処理原則の変更不可 ・変更の内容および理由などを注記で記載する。 ［企業会計基準第3条4，第11条3］

変更にあたって，企業内の事情及び経済状況をはじめとする外部事情などを考慮しなければならない[19]。

　今日のように，技術革新が急激に進み，絶えざる投資が必要な経済状況下においては，減価償却方法として定率法が望ましいと思われる。すなわち，企業にとっては企業財務及び税務面から定率法は有利な償却方法といえる。また，契約プロセス及びポリティカル・プロセスの面から見ても定率法は経営者にインセンティブを与える方法といえる。契約プロセスの面では，定率法による企業利益の圧縮は企業に不利なように見えるが，所有と経営が分離した現在の大企業の現状からすれば，企業の財務面の健全性を促進するため経営者にインセンティブを与える。他方，ポリティカル・プロセスの面では，定率法は継続的な投資を行っていかなければならない企業にとって企業利益を圧縮し課税面での良い効果を生み出す。

お わ り に

　本章では，企業の会計処理及び選択の重要性及び国際的な会計処理の多様化について論じた。会計処理及び選択が重要であるということは，企業が今日，

社会的に多大な影響力をもつという理由からである。より具体的には，企業の会計処理及び選択がその利害関係者に無視できない程の影響を及ぼすからである。また，国際化がますます進む現状においては，各国の会計処理の多様性を認識することは重要になる。さらにそこで企業が行う会計処理及び選択について明らかにすることは，やはり利害関係者の適正な会計判断という視点からは重要になってくるのである。

しかし，企業が取り扱うべき正しい会計処理の方法は，すべての場合においてただ一つではない。たとえば，日本の企業会計原則におけるある一般原則の重大視は，他の原則の軽視につながるというような矛盾が存在するのである。そのため，会計処理方法の選択を行い，一般原則間の要求を調整し，利害関係者の判断を誤らせないようにしなければならない。

また，会計処理方法の選択を行う企業の会計行動を明らかにした。会計処理方法の選択に関する企業の自主的判断の考察に際し、実証理論に依拠して理論構築を目指すエージェンシー理論は有用となる。

次に，会計処理方法の選択について具体的に棚卸資産の評価方法の選択及び減価償却方法の選択を取り上げ，さらに各国（アメリカ，日本，イギリス，韓国）のその処理方法の比較を行った。

企業は，棚卸資産の評価方法の選択あるいは減価償却方法の選択等において，企業内の実情あるいは外部の経済状況をはじめとする諸事情を考慮して，多様な会計処理方法のうちから利害関係者の判断を誤らせないような会計処理方法を選択しなければならない。

1) 武田隆二『会計学一般教程』中央経済社，1991年，3-6頁。
2) 香村光雄「会計上の制約要因と会計諸原則」斉藤隆夫編著『企業会計論』名古屋大学出版会，1988年，13-16頁。
3) 香村光雄，前掲稿，20-21頁。
4) FASB, *Statement of Financial Accounting Concepts No. 2, Qualitative Characteristics of Accounting Information*, 1980, para. 133-144.
5) 武田隆二，前掲書，38-42頁。
6) 武田隆二，前掲書，46-58頁。

7) Watts, R. L. & J. L. Zimmerman, "Towards a Positive Theory of the Determination of Accounting Standards," *The Accounting Review*, Vol. 53, No. 1, 1978. p.112.
8) FASB, Statement of Financial Accounting Concepts No. 2 FASB, 1980, para. 3.
9) Foster, G., Financial Statement Analysis (2nd ed.), 1986, Ch. 9, 若杉明編著『会計情報と資本市場』ビジネス教育出版社, 1984年, 第6章。
10) 香村光雄, 前掲稿, 23頁。
11) 田中建二「アメリカにおける会計選択の実証理論の展開」『産業経理研究』第5号, 127-129頁。
12) 大崎美泉「会計方法の選択における経営者のインセンティブについて」『経済論集』第42巻第6号, 1991年, 82-83頁。
13) Watts, R.L. & J.L. Zimmerman, *Positive Accounting Theory*, Prentice-Hall International Inc., 1986, p. 196.
14) 加藤盛弘「実証会計理論の内容と現実的機能」『同志社商学』第41巻第6号, 1990年, 114-117頁。
15) 武田隆二, 前掲書, 157頁。
16) 飯野利夫『財務会計論』同文舘出版, 1988年, 5-2〜5-13頁。
17) 稲垣冨士男,「取得原価主義会計における棚卸資産の評価および表示」稲垣冨士男編著『国際会計基準』17-19頁。
18) 小林秀行「減価償却の会計」稲垣冨士男, 前掲書, 40頁。
19) 小林秀行, 前掲稿, 40-46頁。

第2章　会計方法の国際化

は　じ　め　に

　輸送手段や情報通信技術の急速な発達は，現代社会に革命的な変化を招来しつつある。その変化の1つが「国際化」という言葉で表されるものである。政治・経済・文化といったあらゆる側面が，世界的な広がりで相互作用するようになっている。特に経済の国際化の進展は著しく，多国籍企業や金融市場に見られるように経済活動にもはや国境はないのである。

　「経済の国際化」は，企業の経済取引を認識・測定・報告するためのシステムである「会計の国際化」をもたらす。そのような状況を背景として，近年国際会計をめぐる議論が高まりをみせている。国際会計の重要な課題の1つは，会計方法[1]の国際的統一化である。統一化の議論に進む前に，国際的に多様な会計方法の現状とその背景を把握しなければならない。

　本章では，現状の会計方法の国際的な多様性が，どのような要因を背景としているか，そしてその問題点について検討する。次に，多様性の背景や問題点を考慮した上で，会計方法の統一化に関する理論的枠組を検討する。そこでは，「厳格な統一性」と「限定的統一性」といった概念が比較検討される。最後に，統一化に対する理論的枠組を会計実践に適用するための諸条件を明らかにする。国際的な会計制度の構築は急務の課題となっているのである。

第1節　会計方法における多様性の要因

1　会計環境の多様性

　近年，企業活動や証券市場の国際化が急速に進行している。それに伴って，会計の国際化も避けがたく，また必要とされている。そうした背景から，会計方法の国際的統一化に向けて会計方法の国際的多様性をどのように解決すべきかが盛んに論じられている。

　この問題を解く糸口は，なぜ多様な会計方法が存在するのかを明らかにすることである。先に述べたように，会計はその環境を反映して成立している。それゆえに，会計方法の多様性も会計を取り巻く環境を反映しているのである。以下，ミュラーらの議論を参考にして，会計を取り巻く環境，特に国際的環境について，経済環境，法律環境，社会文化環境といった側面から検討する。

　経　済　環　境

　経済環境は，会計，特に企業を対象とする財務会計に大きな影響を及ぼす。自由な個人の私的契約に基づく資本主義経済下では，資本提供者すなわち株主や債権者のための会計が重視される。さらに，同じ資本主義経済下にある国でも，その経済発展のパターンや経済状況によって，会計，特に財務会計制度のあり方が異なる。例えば，企業と資本提供者との関係から見れば，アメリカでは，財務会計の主要な目的が投資家と債権者の情報要求の充足に向けられている。19世紀後半の第2次産業革命に伴ってアメリカ経済下の投資家と債権者集団の規模が拡大し，企業の株主が急増した。その結果，企業の所有と経営が分離し，非所有専門経営者が出現することになった。専門経営者は，投資家と債権者に対する財務報告を行うことによって，受託責任が解除された。このような状況から，アメリカでは，財務会計が投資家と債権者の情報要求の充足を指向し，その直接的な目的を収益性（経営者の業績）の測定におくようになっている。

　他方，フランスおよびスウェーデンでは，政府が国家資源の管理を担当する

ため，企業には政府の政策と巨視経済計画（マクロ経済）の達成が要請されることになる。この場合，企業の要求する資金は政府が提供し，場合によっては政府が投資することもある。したがって，フランスとスウェーデンの財務会計の目的は統一的な会計方法および報告実務に従って，政府のよりよい意思決定を促進させることにあった[2]。

　証券市場の発達の程度，銀行の資金提供能力及び経済に対する国家の関与の程度といった経済発展のパターンの違いを背景とする要因は，このように財務会計制度のあり方に影響するのである。

　法　律　環　境

　法制度の点から考えた場合，世界の国々は成文法を重視する国と慣習法を重視する国に区分することができる。成文法を重視する国では，要求される行動に対する基準が法律によって明記され，国民は法律の規定を遵守しなければならない。ほとんどの成文法国家では，会計原則は強制力をもつ国の法律の中に組み込まれている。すなわち，会計実務の規範は成文化されているのである。これらの会計実務やルールは，詳細に規定され，厳格な手続きとして示される。これらの国々での財務会計の主要な役割は，企業が政府に納めるべき税額の決定であり，会計と税務が一体化する傾向がある。アルゼンチン，フランス，ドイツの会計制度はこれに属する。他方，慣習法では一連の禁止条項が示されるのみであり，その範囲では，自由な判断が許される。慣習法を重視する国の会計実務は政府（national legislator）ではなく，会計士などの専門家の判断によって決定されることが多い。そのため，より適応的で，革新的である。アメリカ，イギリスの会計制度がこれに属する[3]。

　社会文化環境

　会計システムはまた，その社会が保有している社会文化的価値観によって影響を受ける。価値観は個人もしくは集団の持つ価値評価のための根拠である。例えば，アメリカでは個人主義的価値観，日本では個人より集団の規範をより重要視する集団主義的価値観をそれぞれ持つといわれる。この場合，日本社会では，各個人間の階級秩序が存在することを自然に受けとるが，アメリカ社会

では，市民が平等権を主張するため，権力の不平等な存在を受け入れない。このような価値観は，個別国家の会計システムの発展に影響を与える。例えば，社会が不確実性やあいまい性についてどう感じるかは，文化的背景によって異なる。不確実性を好まない社会では，法制度に順応し，また規範やルールからの逸脱が抑制される。ルールは，ある状況下で何をすべきかを規定するため，人々の負担を減じ，その結果不確実性や判断の必要性を取り除く。日本や韓国の社会がその例である。反対にアメリカやイギリスの社会では，原則よりも慣習に価値をおき，ルールの中に例外が容認されている社会である[4]。このような文化的価値観（cultural values）は，会計思考（accounting values）と関係する。この点については，第2節で具体的に検討する。

これまで見てきたように，経済・法律・社会・文化環境などの国際的な違いが，各国の財務会計制度のあり方に影響する。さらに，その違いが財務会計制度の中で具体的に適用される会計方法にも反映されることになる。このことが，国際レベルでの会計方法の多様性を生み出す原因となる。

2 会計思考の多様性

1966年ASOBATは，会計を情報利用者の意思決定や判断を支援するために，経済的情報を認識し，測定し，伝達する過程であると定義した[5]。この定義は，会計目的の表現でもある。会計目的の完遂にあたって最も大きな障害になるのは，会計を取り巻く不確実性の問題である。会計における不確実性は，継続企業の仮定と貨幣的評価という2つの源泉から生じる[6]。継続企業の仮定は，人為的な期間区分と，会計事象の期間配分，すなわち会計認識の問題を生み出す。将来予測をも含めた完全な会計認識は不可能である。また，貨幣的評価は，貨幣価値の変動性ゆえに，不確実性の源泉となる。ヘンドリクセンが論じた2つの不確実性の源泉は，会計認識と測定に関わるものであった。これに加えてさらに，利害関係者を源泉として不確実性が生じる。利害関係者の会計に対する要求は時代とともに変化し，また利害関係者の立場の違いによってその要求は多様なものとなる。これらは，会計報告に関わる不確実性である。不

確実性は会計の認識，測定，報告のあらゆる面で生じる。このような会計上の不確実性に対して，どのような会計思考（価値観）をもつかによって，各国で採用される会計方法が異なってくる。会計思考とは，会計のあり方に対するその社会の考え方である。

会計思考は大きく楽観主義（optimism）と保守主義（conservatism）に分けられる[7]。不確実性に対する会計思考は，その国で規定される会計方法に反映される。楽観主義的会計思考では，会計認識上企業の支出は資産化され，将来の期間に費用配分される。他方，保守主義的会計思考では，会計認識上支出は，ただちに費用として計上されることになる。例えば，リースの会計処理において，国際的な基本的問題は，リース資産を財産の取得として認識すべきか，それとも財産の賃貸借契約[8]として認識すべきか，という認識上の問題である。前者の立場ではリースは資産化されるのに対し，後者の立場ではリース支払額が期間費用として認識される。楽観主義的会計思考のもとではリース資産化が容認される。ただし，リース負債の計上には保守主義的要素が含まれる。また，保守主義的会計思考のもとではリースは期間費用として認識される。すなわち，楽観主義のもとでは，リースに対する支出を将来の不確実な利益に対応させている。これに対して，保守主義的会計思考では，将来の不確実性に対して，慎重な会計方法を選考する。

また，会計思考の違いは，会計測定および会計報告にも反映される。楽観主義的会計思考では，会計測定上予測に基づいた評価がなされ，さらに会計報告上意思決定支援機能[9]が重視される。他方，保守主義的会計思考では，会計測定上厳格に取得原価主義が適用され，さらに会計報告上利害調整機能[10]が重視される。このように，会計認識・測定・報告上の不確実性に対して，どのような考え方をもつのかという，会計思考の相違によって会計方法の多様性が生じる可能性は十分にある。

第2節 会計方法の多様性と問題点

1 国内における多様性と国際的多様性

会計方法の多様性はまず，一国内の会計制度の点から考えられる。例えば日本の現行会計制度を支えている企業会計原則や商法の計算規定では，資産の会計処理に当たって，多様な認識基準および測定基準の選択適用が容認されている。棚卸資産および有価証券における原価法や低価法，減価償却計算における定額法や定率法，繰延資産における繰延計上法や費用計上法などがそれである。このような会計方法の多様性は，会計数値の多様性を導く。したがって，一つの会計事象についてどのような会計方法を選択適用するかによって，企業利益は異なって算定される可能性は大きいのである。

さらに，国際的視点から見た場合，会計方法の多様性は国内における場合よりも深刻な問題を引き起こす。ミュラーらは，会計方法の多様性に関して次のように述べている。「1929年の世界大恐慌の頃まで，企業は個々の状況に適切であると考える会計方法を自由に選択することができた。しかし，それ以降，各国の会計基準設定機関は，明確に認識される，国家的に承認された会計基準を確立するために努力を重ねてきた。その試みは成功し，各国内での会計方法の多様性は縮小された。その結果，現在での大きな関心は国際的な会計方法の多様性の縮小にむけられるようになった」[11]。また，若杉明教授は，「国ごとに会計処理方法などが相違する世界全体の会計を考えた場合，世界各国の企業によって開示される財務諸表を利用する立場からすれば，会計利益算定の多様性はきわめて重大な問題として認識すべきである」[12]という。多様性の問題は，近年の国境を超える経済活動の急激な拡大の当然の帰結である。

国別に異なる会計測定上の項目は多くあるが，たとえば次のような国際的な多様性が指摘できる。棚卸資産の場合，日本では原価法または低価法が選択適用できるが，アメリカでは低価法のみ適用できる[13]。また営業権の場合，取得した営業権の償却期間に対して両国に大きな相違が存在する。日本では通常5

年以内に償却されるが，アメリカでは40年以内に償却される[14]。2国間でさえも会計方法にはかなりの相違が存在している。依然として国際的に会計方法は多様なのである。

2 多様性の問題点

　国際的な会計方法の多様性が肯定されるのか，あるいは否定されるべきなのかは，さまざまな利害関係者の立場に依存する[15]。多国籍企業は，現状の国際的会計環境の中では，その海外子会社の会計報告書を現地の会計基準に従って作成し，さらに連結財務諸表作成のために，現地の会計方法を適用して作成された会計報告書を換算・翻訳しなければならない。例えば，日本の企業経営者は自国の会計方法を適用して作成した財務諸表を英語に翻訳し，アメリカで開示すればよいと思うのが一般的である。しかし，アメリカは日本の会計基準に基づいて作成された財務諸表をそのまま利用することを認めず，アメリカの基準に基づく財務諸表に作り替えることを要求するのである。したがって，日本の企業経営者は国内では自国の会計方法を適用した財務情報を作成し，アメリカに向けてはそこでの会計方法を適用した財務諸表を作成することになる。その結果，日本企業は複数の財務諸表の作成を強制されるため，その負担が増加する。また，日本で開示された会計数値とアメリカで開示された会計数値とが異なるため，投資家に混乱を生じさせる。

　国際的な投資家は，現状の国際的会計環境の中では，国別の会計方法の差異を調整するという困難に直面する。ミュラーらは次のように述べている。すなわち，「もし投資家が財務諸表を比較可能なものか否か判定することができなければ，彼らは不満を感じることになる。証券会社の報告によれば，国際的な会計方法の多様性が引受業務（新発行証券の価額設定）を困難にさせているという。もし，投資家が会計方法の多様性に困難を感じているならば，そうでない場合に比較して金融市場の効率性は低下し，また投資家の収益も少ないものとなる。このことが，国際的な会計方法の多様性を否定する強力な根拠となっている」[16]。

投資家の意思決定に役立つ会計は，投資家が当該企業の成長性を観察できるように期間比較可能な利益を決定することを主目的とし，損益計算書を重視する会計である[17]。投資家はより大きな配当を期待するため，収益性に関心をもっているのである。したがって，投資家の意思決定を重視する立場からは，会計規制によって財務諸表の比較可能性を確保する必要がある。しかし，現行の会計制度では，会計方法の多様性を容認したうえで，一度選択適用した会計方法をとくに正当な理由のない限り，継続して適用するとともに，その選択適用した会計方法を開示することによって，財務諸表の比較可能性を高めようとする。この場合，会計方法の選択適用が適正に行われる限り一企業における財務諸表の期間比較はそれなりに有効であるが，企業間比較可能性を確保するという点では有効ではない。なぜならば，比較対象となる企業間で，類似する会計事象につき異なった会計方法が選択適用される可能性があるからである。したがって，投資家の立場からは，会計方法の統一性が要求される。

　また，会計処理方法の多様性の中で行われる経営者の会計選択は客観的というより主観的であり，その主観的な会計選択からは，企業を取り巻く利害関係者に誤った情報を提供する可能性も存在する。このことも，投資家の立場からは，会計方法の多様性が否定されるべき根拠の1つとなろう。

　会計専門家は，多様性の存在から利益を得る。なぜなら，顧客の海外進出の支援と会計報告書修正に伴う手数料収入が増大するからである。また，会計方法の多様性は国際監査を割高にし，それゆえに監査に伴う収入を増大させる。しかし，これらの費用は，社会的費用の増大を意味するので，社会全体にとっては好ましくない。

第3節　国際的統一化の方向

1　厳格な統一性と限定的統一性

　すでに明らかにしたように，多様性は会計制度上に様々な問題を招来する。特に経済の国際化が急展開している近年では，それらの問題が社会にますます

大きな影響を与えている。こうした中で，会計方法の多様性あるいは選択可能性の排除ないし縮小のために，国際的な会計方法の統一化をめぐる様々な議論や努力が積み重ねられている。

ヘンドリクセンは，会計方法の統一化に賛成する根拠として，企業経営者がその会計選択の自由を財務情報の操作に恣意的に利用するのを防止する効果に注目している。このような経営者の任意選択を規制するためには類似の会計事象について，異なる状況を考慮しないで，同一の会計方法を絶対的に適用することが必要である。ウルクらはこの考えを「厳格な統一性（rigid uniformity）」[18]と呼ぶ。厳格な統一性を適用した場合には，次のようなメリットがある。

1) すべての企業について同一の会計方法が適用されることになるため，財務諸表の企業間比較が可能になる。
2) 会計方法を変更する余地はないため，企業間比較だけでなく適切な期間比較を行うこともできる。
3) 会計方法の多様性の容認から生じる会計情報の操作の可能性を排除できる。

しかし，第1節で考察したように会計方法における多様性は，会計を取り巻く経済・法律・社会・文化環境の国際的な相違，あるいは会計過程上に発生する不確実性に対する考え方，すなわち会計思考の相違を反映したものであった。そうであるならば，このような背景を無視して，単一の会計方法しか認めない場合，企業の特殊性に適合した会計方法を選択する余地はなくなる。その結果，算定される会計数値は企業の真実を表現するものとはならない。この点を考慮した場合，類似の会計事象について，特に異なる状況を考慮した上で，類似の会計方法を適用する必要がある。すなわち，異なる状況のもとでは，異なる会計方法の適用が容認されるのである。このような考えをウルクらは「限定的統一性（finite uniformity）」[19]と呼ぶ。

IAS No. 17では，リース会計処理に限定的統一性の考え方が取り入れられている。この基準で適用されるリースの分類は，リース資産の所有に付随するリスクと便益が賃貸人あるいは賃借人にそれぞれどの程度属するかにもとづく。

資産の所有に付随する危険と便益のすべてを実質的に移転すると認められるものは，ファイナンス・リースとして識別し，賃貸人と賃借人の側でそれぞれに相当する会計処理をすることを要求するが，その他のすべてのリースは，オペレーティング・リースとして処理することを要求するという形で，会計方法の適用に関して異なった状況が考慮されているのである。

統一性は比較可能性と重複する問題である[20]。代替的な投資機会を比較することは，投資家や債権者の意思決定の本質的部分である。したがって，比較可能性は財務会計において中心的な問題である。財務諸表の比較可能性は，会計方法の統一性のレベルに依存する。

現代の事業環境の中では，制約，偶然性，条件などが会計事象の中に複雑に入り組む。ウルクらは，会計事象を単純な事象と複雑な事象に分類している[21]。単純な事象は，重要な経済的相違を含まない事象であり，異なる会計方法を適用する必要はないものである。他方，複雑な事象は異なる経済状況を含み，異なるキャッシュ・フローを導くものである。彼らは，このような状況を説明するために，関連状況（relevant circumstance）という概念を使用する。関連状況は，類似の事象に幅広く影響し得る経済的に重要な状況である。関連状況は統一性に関わる問題の非常に重要な側面である。

このような概念をもとに，ウルクらは，「厳格な統一性」と「限定的統一性」について次のように議論する[22]。厳格な統一性は，たとえ関連状況が存在しても，一般的に類似の取引に対して1つの会計方法を規定することを意味する。したがって，厳格な統一性によって企業間の真実の相違が隠されてしまう場合，比較可能性の改善にとって逆効果となる。

他方，限定的統一性は，経済的に意味のある状況の違いに応じて会計方法が適用されるという考え方に基礎を置く。限定的統一性は，会計目的の点からみると，キャッシュ・フローの予測や経営効率の評価に有効であり，また，異った状況にある企業間の財務諸表の比較可能性を高める。その結果，株価が企業のキャッシュ・フローにかかわるリスクを調整した現在価値を反映したものとなり，資源配分の改善に資することにもなる。

「厳格な統一性」は，会計過程上の不確実性を絶対的に排除する，言いかえればまったく考慮しない。すなわち，会計認識・測定において関連状況を無視する。そのため，会計事象の相違だけでなく会計環境の相違も認識されない。それに対して，「限定的統一性」は，ある程度の会計過程上の不確実性を許容する。すなわち，関連状況が考慮されるのである。その結果，財務諸表上で個々の企業の特殊性が考慮され，比較可能性を高めることができるのである。

また，会計報告上の不確実性に対しても同じことがいえる。財務会計の目的は大きく投資意思決定支援と利害調整の2つに分けることができる。前者は，投資家および債権者の意思決定にとっての有用性を指向し，将来の会計事象に関する不確実性を考慮した会計情報が要求されることになる。したがって，企業の将来のキャッシュフローを予測する会計情報が求められ，検証可能性や客観性よりも予測力に優れた適時情報が選好される。他方，後者は，経営者，株主，債権者の間に常に存在する利害の対立[23]における調整を指向し，会計情報は過去情報として利用され，検証可能で客観的な情報が要求される[24]。そこでは，取得原価主義と保守主義の原則が適合する。取得原価主義は，時価主義より相対的な意味で検証可能性と客観性を具備している。また，保守主義はエージェンシー・コスト[25]の削減をもたらし，株主や債権者および経営者などの利害を調整し契約当事者に便益を与える。

一見したところ，「厳格な統一性」が投資意思決定支援と利害調整の両目的に貢献するように考えられる。なぜならば，「厳格な統一性」は代替的な会計方法を排除し，経営者の恣意的な判断を抑制することによって，財務諸表の比較可能性を高めることができるからである。しかし，ウルクらも言うように，「厳格な統一性」は必ずしも比較可能性を高めるとはいえないのである。そこでは，関連状況が無視されるため，財務諸表に個別企業の特殊性が反映されない。

それに対して，「限定的統一性」は，個別企業の特殊性を反映すると同時に，比較可能性も高めることができる。それゆえに，投資意思決定支援と利害調整にとって有用である。しかし，「限定的統一性」の実現にはいくつかの条件を

2 限定的統一性の条件

SFAC No. 2. par. 113は，会計情報の比較可能性を高めるために限定的統一性の考えを取り入れている。そこでは，「比較の目的は，類似点と相違点を見つけ出し，説明することである。しかし，人間あるいは企業のような複雑な実体の比較においては，一度にすべての類似点と相違点を考えようとすることは無駄である。というのは，その場合それらの重要性を評価することは不可能となるからである。それゆえに，妥当な比較は，一度に1つか2つの特徴に注目することによって達成される。問題となっている特徴と相関しないその他の特徴は無視され得る。問題となっている特徴と相関する特徴は，比較への影響を回避するために標準化されなければならない。例えば，体重についての妥当な比較は，性別や身長の標準化を含む。なぜなら，そのような特徴は体重と相関するからである。しかし，体重と知能は相関しないので，ある男性の体重を同じ知能をもつ他の男性の体重と比較することによって，知能を標準化する必要はないのである。特徴としての知能は無視され得る」[26]。このことは，限定的統一性を適用するにあたり，類似の会計事象に対してある程度の標準化が必要であることを意味している。すなわち，限定的統一性が無理なく実行されるためには，類似の会計事象の処理に適用される基準的会計方法を選択すること，および異なる状況を明確に限定し，その場合に適用される代替的会計方法を限定することが必要不可欠である[27]。基準的会計方法の選択および代替的会計方法の限定に当たって，高田正淳教授は次の3つの条件を提示してされている。

(1) その会計事象が発生する場合の通常の状況を設定し，その状況を特徴づける事実や事実成立に関する条件を明確にする。
(2) それに対して選択可能な複数の会計方法のうち最適のものを一つ選択し指定する。
(3) 選定された標準的な会計方法が適用できないような状況を想定し，それに適用できる代替的会計方法を明確にし，標準的な方法との差と利益等に及

ぼす影響額を開示する方法を明らかにする[28]。

1989年IASCにより公表された国際会計基準公開草案第32号「財務諸表の比較可能性（以下，E32）」は，こうした方向の1つの実験であったといえる。E32の目的は，「現行の国際会計基準に容認されている会計方法の自由な選択を排除すること」にある。この場合，国際会計基準によって容認された代替的な会計方法には，類似する取引および事象に関する自由な選択と，異なる状況において適用しなければならない異なる会計方法とがある。

代替的方法のうちからいずれの会計方法を要求するか，あるいは優先的方法とするかの識別に当たっては，次のような基準を採用している。

(a) 現在の世界的な実務および各国の会計基準，法律および一般に認められた会計原則の趨勢
(b) IASCの「財務諸表の作成表示に関する枠組」（以下、「枠組」）への準拠
(c) IOSCO（証券監督者国際機構）など，規制監督機関の見解
(d) IAS間の首尾一貫性

これらの基準のうち，現在の世界的な実務の趨勢と「枠組」とが一致しない場合には，現在の世界的な実務の趨勢が優先される[29]。

しかし，E32においては，最優先される標準的処理方法が採用される根拠，および異なった状況の範囲ないし内容などについて検討すべき問題が残っている。この点について，高田正淳教授[30]は最優先する方法の決定に当たっては，世界的実務を最優先すべきではなく，「枠組」に準拠した上で世界共通の実務からより合理的と考えられるものを選択するのが筋であるという。その根拠は，世界的実務が，各国の会計基準を背景として，また海外活動の盛んな国の会計基準から多大な影響を受けたものであり，世界の動向に応じて変化しやすいものであって，場合によっては各国の力関係に依存して決定される可能性があるからである。これに対して，「枠組」は会計基準の基礎にあり，実際にそれらが成立する「枠組」であって，その形成は，概念的な整合性や実務慣行を広い視野にたって整理することを通じて設定されたものである。

また，E32の中でも問題として残されているように，「限定的統一性」の考え

方を会計実務に取り入れるためには,異なる状況を明確にすることが必要となる。異なる状況を条件として代替的会計方法が適用される余地を残すのである。しかし,異なる状況の解釈いかんによっては,それが拡大解釈され,結果的には多くの会計方法を自由選択することを認めたと同じことになる。そのため,異なる状況を明確にするための努力が続けられなければならない。

お わ り に

本章では,国際的な会計方法の多様性から生じる諸問題と,それらの解決のための統一化の方向について検討した。会計方法の多様性が存在する場合には,会計環境の違いを原因とする個々の企業の特殊事情が考慮され得る。しかし,経営者の恣意的な判断の可能性を排除することはできない。また,会計方法が多様である場合には,経営者がどの会計方法を選択したのかを注記するなど情報量は多くなる。開示された会計情報が余りにも多すぎるとその情報利用者達は混乱を感じ,意思決定を誤る可能性があるかもしれない。

多様性から統一化への方向には,「厳格な統一性」と「限定的統一性」という2つの理論上の概念が考えられる。「厳格な統一性」は,代替的方法を排除するため,会計過程上効率的である。しかし,個々の企業の特殊事情を考慮する柔軟性をもたない。したがって,関連状況を認識することによって,異なる状況においては異なる会計方法の適用を許容する「限定的統一性」が望ましいものといえる。しかし,本章で見たように関連状況を認識するのは困難であり,非常に割高である。それにもかかわらず,国際的な会計環境の相違が厳然として存在する現状は,「限定的統一性」の考え方に基づいた会計方法の統一化を要請しているように思われる。

1) 企業会計では,認識・測定・報告といった機能の遂行にあたり,会計処理の原則および手続の中から1つを選んで適用する。本書ではこの会計原則・手続を会計方法と呼ぶ。
2) G. G. Mueller, H. Girnon & G. K. Meek, *Accounting An International Perspective*, 3rd ed., Irwin, 1994, pp. 5-6.

3) *Ibid.*, p. 6.
4) *Ibid.*, pp. 109-110.
5) American Accounting Association, *A Statement of Basic Accounting Theory*, 1966, p.1. 飯野利夫訳『アメリカ会計学会 基礎的会計理論』国元書房, 1969年, 2頁。
6) E. S. Hendriksen, *Accounting Theory*, 5th ed., Irwin 1992, pp. 147-148.
7) ただしミュラーは会計思考として, 個人的専門家の判断 (professionalism) vs. 法的統制 (statutory control), 統一性 (uniformity) vs.柔軟性 (flexibility), 保守主義 (conservatism) vs. 楽観主義 (optimism), 秘密主義 (secrecy) vs. 公開主義 (transparency) を取り上げている。ここでは, 楽観主義的会計思考と保守主義的会計思考がミュラーの挙げている会計思考の根底にあるものと見る。楽観主義的会計思考には, 個人的専門家の判断, 柔軟性, 公開主義が含まれ, 他方保守主義的会計思考には, 法的統制, 統一性, 秘密主義が含まれる。
8) リース契約の特殊性を容認しないでリースを典型的な賃貸借として見る。
9) 投資家の意思決定に役立つように有用な情報を提供する会計の機能。
10) 企業を取り巻く利害関係者の間に存在する利害対立を調整するために役立つ会計情報を提供する会計の機能。
11) G. G. Mueller, et al. *op. cit.*, pp. 17-19.
12) 若杉明『会計国際化の展開』ビジネス教育出版社, 1994年, 8頁。
13) 日本:「連続意見書第四・第一・二・1, 企業会計原則第三・五」,
　　アメリカ：ARB No.43, par.4 Opinion5, 6.」
14) 日本：商法第285条7
　　アメリカ：APB意見書第17号, 第27-29項
15) G. G. Mueller, et al. *op. cit.*, p.29.
16) *Ibid.*,p.30.
17) 高田正淳「国際化と会計統一化」『會計』136巻6号, 2-3頁。
18) H. I. Wolk, J. R. Francis, M. Tearney, *Accounting Theory ; Conceptual and Institutional Approach, 3rd* ed., PWS-KENT Publishing Co. 1989, p.135.
19) *Ibid.*, p.135.
20) *Ibid.*, pp.230-246.
21) *Ibid.*, p.233.
22) *Ibid.*, pp.236-242.
23) 企業を取り巻く利害関係者の間には, 利害対立の可能性が常に存在している。経営者と株主との間に存在する利害対立は, 経営者が株主の利益よりも自己の個人的利益を優先させるかもしれないという点から生じる。また, 株主と債権者との関係から生じる利害対立は, 企業に対する資金提供者である株主と債権者が資金提供の見返りとして取得する権利の差からおこる。桜井久勝著『会計利益情報の有用性』千倉書房, 1994年, 4頁。
24) 須田一幸「契約の経済学と会計規制」『會計』143巻5号, 76頁。
25) エージェンシー理論は, 組織を利己的動機に基づいて参加する個人間の代理的契約関

係の連鎖からなるものと定義する。企業に参加する各主体がそれぞれ自己の利益を追求するために行う行動によって発生するコストをエージェンシー・コストという。エージェンシー理論から導かれる会計の主たる役割は，契約の監視と履行を促進し契約当事者の利害対立を減少させ，もってエージェンシー・コストを削減することである。したがって，不信を解消することが肝要なので，契約で使用される会計数値は，すべての契約当事者にとって検証可能で信頼性の高いものでなければならない。そのために，会計方法の選択にあたり保守主義が適用されなければならない。

26) SFAC No.2, par.113, 1980.
27) 森川八洲男「会計方法選択権と財務諸表の有用性」『企業会計』44巻1号、43頁。
28) 高田正淳，前掲稿，8頁。
29) IASC, *Comparability of Financial Statements, E32*, 1989, para.18-22.
30) 高田正淳，前掲稿，10頁。

第3部　リース会計の現状と国際化

第1章　リース会計処理方法の基本問題

は　じ　め　に

　ある取引を適正に会計処理するためには，まず，その取引の実質的な内容と性格を把握しなければならない。そして，会計情報を意思決定に有効に利用するためにはその情報に含まれている実質的意味を知らねばならない。本章ではリースの財務報告に関する諸見解とリース取引の資産化基準の検討をとおしてリース会計情報のもつ意味を明らかにし，また，ファイナンス・リースとオペレーティング・リースの会計処理について設例を用いて比較し，企業の会計処理方法の選択がリース会計における報告利益に与える影響について考察する。

第1節　リースの定義

　リース（lease）は，明記された一定期間の現金支払い（リース料）の見返りとして，賃貸人（レッサー，lessor（以下，リース会社））所有の特定資産を特定期間にわたって使用する権利を賃借人（レッシー，lessee（以下，リース利用者））に与えることに同意する両者間の契約である[1]。目的物を使用収益させる貸与性という点から，リースは一般の賃貸借契約と混同しやすいが，資金調達の一形態であるという特徴を持っているため単なる賃貸借とは異なる。この点を考慮してリースの概念を定義すべきであるが，しかし，リース契約は多様なものとなるので，すべてのリース契約を会計上一律に取り扱うことはできない。ウルクら[2]によれば，リース利用者の観点から，リースは (1) 賃貸借契

約 (rental agreement) か, あるいは (2) 融資 (debt financing) を伴う売買のどちらかとして処理されなければならない。他方, リース会社の観点からは, リースは (1) 賃貸借契約か, あるいは (2a) 融資を伴う販売 (セールスタイプ・リースの場合) または (2b) 融資 (ダイレクトファイナンス・リースの場合) である。賃貸借契約として処理される場合には, そのリース契約はオペレーティング・リースと呼ばれ, 他方, 融資あるいは融資を伴う売買として処理される場合には, ファイナンス・リースと呼ばれる。

　国際会計基準第17号 (Accounting for Leases) の改訂のため1997年4月に公表された公開草案第56号 (以下, E56) では, リースを「リース会社がリース料を得て, 契約期間中資産の使用権をリース利用者に移転する契約である」と定義している[3]。

　アメリカの現行のリース会計基準であるFASB基準書第13号 (以下, SFAS13号) では, リースは, 土地および償却資産を使用する権利を通常一定期間移転する契約として定義される[4]。この定義では, 一方の契約当事者から他方の当事者に固定資産を使用する権利が移転しない役務契約のような契約は含まない。また, リース利用者によるかなりの役務の提供がその資産の利用または保守に関して必要とされても, 固定資産を使用する権利の移転を伴う契約は, 本基準書でいうリースの定義を満たす。さらに, 資産の所有に伴う危険と便益のすべてを実質的に移転するリースについては, リース利用者側では資産の取得および債務の負担として, リース会社側では販売または金融として会計処理しなければならず, その他のすべてのリースはオペレーティング・リースとして会計処理される[5]。

　日本の現行のリース会計基準では, リース取引を「特定の物件の所有者たるリース会社が, 当該物件のリース利用者に対し, 合意された期間 (リース期間) にわたりこれを使用収益する権利を与え, リース利用者は, 合意された使用料 (リース料) をリース会社に支払う取引」[6]と定義している。また, 法人税法では, 「リース取引に係わる法人税及び所得税の取扱いについて (以下, 昭53リース通達)」において, 「現在広く一般的に行われているいわゆるファイナンス・

第1章　リース会計処理方法の基本問題　113

リースについては，その経済的実質において一般の賃貸借と異なる面を有していることから，これを一般の賃貸借と同様に取り扱うことに課税上弊害のあるものも認められるので，個々のリース取引の経済的実質に応じてこれを売買取引等として取り扱う」と述べ，リース取引を，次の (1) 及び (2) のいずれにも該当する賃貸借契約に係わる取引と定義づけている[7]。(1) 賃貸借期間（リース期間）が定められており，そのリース期間中に支払われる賃借料の額の合計額が，少なくとも，賃貸をする法人におけるその契約の対象となった物件の取得価額及びその取引に係る付随費用の額の合計額のおおむね全部を支弁するように定められていること。(2) リース期間中における契約の解除が禁止されていること。

韓国の「施設貸与産業育成法」では，リースを「リース利用者が選んだ特定物件をリース会社が新しく取得するか貸与を受け，リース会社がその物件に対する直接的な維持および管理責任を持たないで大統領が定める一定期間以上使用させ，その期間にわたって一定代価を定期的に分割して受取り，リース期間終了後の物件の処分に関しては当事者間の合議で定める物的金融」[8]と定義する。

これらの諸定義に見られるように，広義のリースは賃貸借を意味するが，狭義のリースは，各国の基準などにおいて，法形式上は賃貸借であっても経済的実質からは金融的性格が顕著であるファイナンス・リースとして位置づけられている。韓国の貸与法上の定義はリース物件に対する維持，管理責任をリース会社が負担しないということからファイナンス・リースを意味しており，また，日本の法人税法における定義でも，上述のリース通達における (1) と (2) の条件はファイナンス・リースを意味している。

第2節　リース取引の資産化論

リース会計における主要な論点は，ファイナンス・リースの会計処理に係わるものである。特に，リース利用者がどのように会計処理すべきかは，資産化

問題として取りあげられ，論争の焦点であった。資産化問題は，リース利用者の貸借対照表にリース物件を資産として計上し，これと関連する債務を負債として計上することが理論的に妥当であるかどうかの問題である。

ファイナンス・リースの経済的実質は，金融的手段を伴う売買，すなわち割賦販売と類似している。したがって，リース会社側ではリース債権を計上し，他方，リース利用者側では減価償却の対象となるリース資産を計上しなければならない。ここでリース利用者側での資産化が妥当であるか，否かの問題が問われることになる。

1 資産化の否定論

リース取引の資産化を否定する論拠として次の三点が指摘される。

① 簿外金融（off balancesheet financing）効果の消滅

リース金融の長所としてリース利用者にとっての簿外金融効果が挙げられる。すなわち，リース取引を資産化しない場合には，リース利用者はリース契約上の支払義務を負債として報告しないため，簿外金融が可能である。したがって，リース利用者は割賦購入の時に現れるような負債比率（負債÷自己資本）等の悪化を回避することができる。もし，リース契約を資産化すれば，リース利用者は契約上の支払い義務を負債として報告しなければならないため、その財務比率を悪化させ，借入能力の維持が困難となりうる[9]。

② 資産化金額測定の客観性

リース取引を資産化する場合，リース利用者の貸借対照表上に記載する資産および負債金額を客観的に測定することができるかどうかが問題となる。リース契約によるリース利用者の権利は，将来のリース物件の使用であり，これと関連して将来の特定期間にわたってリース物件を使用する代価を支払う義務を負う。将来は不確実であり，客観的な予測が不可能である。したがって，リース契約上の権利を資産化する（義務を負債化する）場合には，客観的な評価よりは主観的な評価，すなわち推定値に依存せざるをえない。主観的な評価に関する推定値を資産化するというのは取得原価主義からの逸脱を意味し，財務諸

表利用者にも影響を与えることになる。したがって，リース取引を資産化するべきではなく，もしリース取引の影響が重大であるならば注記または附属明細書などの開示手段を通して財務情報利用者にその影響を伝えるべきであると主張される[10]。

③　未履行契約（executory contract）の非資産性

リース契約は未履行契約である。未履行契約とは，「約定取引がまだ履行されていない契約」[11]であり，したがって，基本的に約束をしただけで，二つの経済実体が経済的資源を移転することに同意したがどちらの当事者もいまだ資源を移転していない状態の契約をいう。取得原価主義では，契約が履行されるまで資産，負債は認識されない。現行の会計処理上ではこのような未履行契約は資産化されないのと同じ理由で，取得原価主義によるリース資産の資産化も反対される[12]。

2　資産化の肯定論

リース契約を資産化すべきであるとする論拠は，第一に，リース契約は未履行契約ではなく会計上の取引概念を充足しているという主張，第二に，リース契約の経済的実質を財務諸表上で適正に報告することによって会計情報の有用性を増大させるべきであるという主張を背景にしている。

①　経済的便益占有権の移転

FASBによれば，資産とは過去の取引から生じる当該企業が占有あるいは支配しうる可能性が高い将来の経済的便益であると定義される[13]。リース契約では，リース会社は賃貸料を得ることで，一定期間リース利用者に資産の使用権を占有させる。使用権の移転によりリース利用者側に予測される将来の経済的便益のリース期間にわたる占有が移転したと考えられる。この意味でリース契約は未履行契約ではなく履行済みと解釈されうる。

前項でみたように，資産化に対する反論としてリース契約の未履行性が主張されるが，ウルクらはリース契約の一方未履行性を根拠にその資産化を主張する[14]。彼らによれば，未履行契約はその性格によって一方未履行契約と双方未

履行契約に区分される。一方未履行契約とは契約当事者の一方が契約を履行していない契約であり，双方未履行契約とは契約当事者の双方が契約を履行していない契約をいう。リース利用者側からは，賃借料の支払期限は将来時点にあり，その意味でリース契約は未履行であるが，リース会社側からは使用権をリース利用者に移転した時点でリース契約は履行済みと考えることが可能である。この場合，リース契約は一方未履行契約と解釈されうる。双方未履行契約は未発生の将来取引であるが故に会計上の測定の対象とはされないが一方未履行契約は会計上認識の対象となりうる。

② 会計情報の有用性とリース資産化

リースの資産化を肯定する基本的論拠は，会計情報の有用性を増大させるという点に求められる。リースの資産化が会計情報の有用性を増大させることができるのかどうかに関しては，これまで様々な検討がなされてきた。リースの資産化に対する論争が始まった初期には，主にリースの資産化が表現の忠実性と比較可能性に与える影響について検討が行われた。会計情報の有用性は，情報と測定対象との合致という意味での表現の忠実性と他企業との比較可能性とにより高められる。表現の忠実性という観点からリース契約の経済的実質が賃貸借契約の場合と類似するならば資産化しないことによって，他方，割賦販売の場合と類似するならば資産化することによってリース取引の経済的実質を正しく表すことができると主張される[15]。

また，リース契約を資産化した場合には，資産化しない場合と比べてリース利用者の財務諸表上にオペレーティング・リース料という費用が減少する反面，固定資産，固定負債および利子費用等が増加する。財務分析の立場から見た場合，リース契約を資産化しなければ，このような財務諸表要素の一つ以上を使用する財務比率（負債対持分比率，負債対総資産比率）の他企業との比較が困難になる。すなわち，リース利用者の財務諸表上のリース資産の使用権を資産として計上し，これに対応する債務を負債として計上することで，リース利用者の財務諸表が資産を実際に購入して使用する企業の財務諸表と比較可能性をもつことになる。

3 ファイナンス・リースの認識基準

リース契約は、リース期間の長短、契約の解約可能性、保険料や維持費、税金などの負担、さらに経済的実質という側面から見た場合、ある種のリース契約は割賦売買と類似している反面、別の種類のリース契約は賃貸借と類似しているなど多様なものとなる。リース取引における会計処理は経済的実質を反映したものでなければならない。このように多様なリース取引のすべてを資産化することはできない。したがって、どのようなリースを資産化すべきであるのか判定するための基準がリース取引におけるファイナンス・リースの認識基準である。判定基準を確立するためのアプローチには財産権アプローチ (property rights approach)、法律的アプローチ (legal approach)、割賦購入アプローチ (installment purchase approach) の3つがある。

財産権アプローチ

リース契約を締結すれば、リース利用者はリース物件を占有し支配する財産権を獲得する。このような財産権は将来の経済的便益を生み出す可能性が高いため資産である。そして、これに対応する債務は将来の経済的便益の犠牲になる可能性が高いため負債である。短期リースの場合、リース利用者が契約上支払うべきリース料の大部分がリース物件に関する維持費、保険料、税金及びリース会社が提供する用役に対する代価であり、実際に財産権に対する支払額はほんのわずかである。短期リース資産を現金で購入したとしてもその資産に関する維持費、保険料、税金等は資産化されないし、財産権に対する現在価値が重要でない場合にも、資産化されない。しかし、長期リースの場合、リース利用者が契約上支払うべきリース料の大部分が財産権に対する代価であり、その現在価値が重要であるため資産化すべきである。ただしこの場合にもリース物件に関わる維持費、保険料、税金等に該当する部分は資産化されない[16]。

このように、リース料の内、リース利用者側の財産権獲得のための支払額に相当する範囲までを資産化する接近方法を財産権アプローチという。

法律的アプローチ

リース契約が解約不能な場合、リース利用者はリース物件を使用したか否か

に関わらず，リース物件を使用する権利を獲得し，そしてリース料支払いの債務を負担する。このような権利は法律的に保護を受け，これに対応する債務は法律的に回避できないものである。法律的財産権および債務は資産および負債概念をより明確に充足させるので，リース利用者の貸借対照表に計上すべきである。このようにリースの資産化基準を法律的な側面において，法律的権利と債務の存在の有無を解約不能契約条件の中で考察する方法を法律的アプローチあるいは解約不能リース契約アプローチ[17]という。解約不能リースには，リース利用者がリース契約を解約した場合，契約上支払うべきリース料の総額以上を一時に支払わなければならないような契約も含まれる。

　ここでは，契約期間の長期と短期といった点は考慮されない。すなわち，契約期間が短期であっても，法律的権利と債務が発生すればリース利用者の貸借対照表上に計上するのが原則である。また，資産化すべき金額は，財産権を表すリース料の現在価値に制限されない。もし，リース契約が解約不能であるため固定金額を支払うべきであるとすれば，支払うことを約定したすべての金額の現在価値を資産化しなければならない。この場合，リース料に修繕費，維持費および税金などが加えられているならば，それらも含めたリース料全額が資産化の対象となる。

割賦購入アプローチ

　財務報告は，取引の経済的実質に従って行わなければならない。したがって，割賦購入を資産化するならば，割賦購入と類似する特性を持つリースも資産化すべきである。このようにリース契約の経済的実質が割賦購入の場合と類似するか否かを検討し，類似するリースは資産化すべきであるとする接近方法を割賦購入アプローチという。

　たとえば，ARB（Accounting Research Bulletin：会計研究公報）第38号では「取引が実質的に購入として明確に証明できる場合にリースされた資産はリース利用者の資産に含めるべきである[18]」とされる。また，APB意見書（Opinion of the Accounting Principles Board；会計原則審議会意見書）第5号でも実質的に資産の割賦購入と同じ種類のリース契約は「法律的形式ではなく実質

によって会計処理を決定するべきである[19]」とし，リース契約が結果的に当該資産に対する潜在的な所有権を発生させるならば貸借対照表上に資産および負債として計上しなければならない[20]と指示している。

　以上のようなファイナンス・リースの認識基準を根拠として各国ではリース会計基準を制定して会計原則を整備している。IASとアメリカでは基本的に割賦購入アプローチを採択している。韓国及び日本のリース会計基準も「リース資産に伴う便益と危険の実質的移転」を分類基準の基本概念として採択しているため，割賦購入アプローチに従っていると言える。各国におけるリースの会計基準については第3章と第4章で詳しく検討する。

第3節　リース会計処理方法と報告利益への影響

　リース取引をどのように認識し，報告するかという問題は同時に，どのような会計処理方法を選択するかという問題でもある。以下の設例によりリース会社及びリース利用者におけるファイナンス・リースとオペレーティング・リースの会計処理を比較し，経営者の会計方法の選択が会計利益に与える影響について考察する。

　リース会社とリース利用者は，1996年1月1日に次のようなリース条件でリース契約を締結する[21]。

① 　解約不能リース期間：5年
② 　年額リース料：25,981.62ドル（各年の初めに支払う）
③ 　リース資産時価（リース会社の取得原価）：100,000ドル
④ 　残存価値：0
⑤ 　リース利用者は年2,000ドルの財産税（リース会社への年額リース料に含まれる）を除くすべての管理費用を直接，第三者に支払う。

図表1　リース利用者側のリース料支払計画表

(単位：ドル)

日付	年間支払リース料	財産税	支払利息(10%)	リース債務減少額	リース未払債務
96. 1. 1					100,000.00
96. 1. 1	25,981.62	2,000	0	23,981.62	76,018.38
97. 1. 1	25,981.62	2,000	7,601.84	16,379.78	59,638.60
98. 1. 1	25,981.62	2,000	5,963.86	18,017.76	41,620.84
99. 1. 1	25,981.62	2,000	4,162.08	19,819.54	21,801.30
00. 1. 1	25,981.62	2,000	2,180.32	21,801.30	0
合計	129,908.10	10,000	19,908.10	100,000.00	

⑥　リース会社は年10%の投資収益率を確保できるように年額リース料を設定している（この事実はリース利用者側に知られている）。

⑦　減価償却方法：定額法

⑧　更新選択権を含まず，リース設備はリース終了時にリース会社側に返却される。

1　ファイナンス・リースの会計処理方法

(1)　リース利用者におけるファイナンス・リースとしての会計処理

リース利用者側のリース料支払計画が図表1に示される。

1996年1月1日の契約時の仕訳は次のようである。

（借）リ ー ス 設 備　　100,000　　　（貸）リース債務　　　　100,000

1996年1月1日の最初のリース料支払い時の仕訳は次のようである。

（借）財　　産　　　税　　2,000.00　　（貸）現　　　金　　　25,981.62
　　　リ ー ス 債 務　　23,981.62

毎期の支払リース料25,981.62ドルはリース債務の減少及び金融費用（支払利息）ならびに財産税の要素からなる。リース期間中の金融費用（利息）合計は19,908.10ドルである。年間利息費用は，図表1に示されるように未払債務の10%である。

1996年12月31日，リース利用者側の年度末において，発生した利息は次のように記録される。

（借）支　払　利　息　　7,601.84　　（貸）未　払　利　息　　7,601.84

5年間のリース期間中のリース設備の減価償却は，リース利用者側の通常の減価償却方法（定額法）を適用することによって，1996年12月31日の仕訳は次のようになる。

（借）減 価 償 却 費　　20,000　　（貸）減価償却累計額　　20,000

1996年12月31日に，ファイナンス・リースとして記録される資産は貸借対照表上で別個に認識される。同様に，対応する債務も別個に認識される。1年あるいは正常営業循環以内に支払期日が到来する金額は，流動負債とされ，残りは固定負債とされる。たとえば，リース利用者側の支払スケジュールの中で1996年12月31日の総債務76,018.38ドルの内の流動部分は，1997年の債務減少額である16,379.78ドルになる。1996年12月31日の負債項目は次のようになる。

（流動負債）

　　未　払　利　息　　7,601.84

　　リ ー ス 債 務　　16,379.78

（固定負債）

　　リ ー ス 債 務　　59,638.60

1997年1月1日リース料支払時の仕訳は次のようになる。

（借）財　　産　　税　　2,000.00　　（貸）現　　　　金　25,981.62

　　未　払　利　息　　7,601.84

　　リ ー ス 債 務　　16,379.78

2000年までの仕訳は上記のパターンに従う。リース利用企業が負担するその他の管理費用（保険料と維持費）は，所有資産にかかる経常コストと同様な方法で記録される。また，リース終了日において，リース設備として資産化された金額は全額償却され，リース債務は完済される。購入されなければ，設備はリース会社に返却され，リース設備とそれに対応する減価償却累計額勘定は帳簿から消去される。

図表2　リース会社側のリース料回収計画表

(単位：ドル)

日付	年間受取リース料	財産税	受取利息	純投資回収額	純投資額
96. 1. 1					100,000.00
96. 1. 1	25,981.62	2,000	0	23,981.62	76,018.38
97. 1. 1	25,981.62	2,000	7,601.84	16,379.78	59,638.60
98. 1. 1	25,981.62	2,000	5,963.86	18,017.76	41,620.84
99. 1. 1	25,981.62	2,000	4,162.08	19,819.54	21,801.30
00. 1. 1	25,981.62	2,000	2,180.32	21,801.30	0
合計	129,908.10	10,000	19,908.10	100,000.00	0

(2) リース会社におけるファイナンス・リースとしての会計処理

1996年1月1日のリース開始日におけるリース会社側の仕訳は次のようになる。

（借）リ　ー　ス　債　権　119,908.10　　（貸）設　　　　　備　100,000.00
　　　　　　　　　　　　　　　　　　　　　　リース未稼得利息　19,908.10

リース債権勘定は受取リース料総額から財産税を控除した額である。リース利用企業の利息に関する処理と同様に，リース会社は利息収益を未回収純投資額の10%として認識する。リース会社におけるリース料回収計画は図表2に示される。

1996年1月1日に第1期の受取リース料を記録する仕訳は次のようである。

（借）現　　　　　　　金　25,981.62　　（貸）リ　ー　ス　債　権　23,981.62
　　　　　　　　　　　　　　　　　　　　　　財産税預り金　2,000.00

1996年12月31日における受取利息計上の仕訳は次のようになる。

（借）リース未稼得利息　7,601.84　　（貸）受　取　利　息　7,601.84

第2期の受取リース料と受取利息の仕訳は次のように示される。

1997年1月1日

（借）現　　　　　　　金　25,981.62　　（貸）リ　ー　ス　債　権　23,981.62
　　　　　　　　　　　　　　　　　　　　　　財産税預り金　2,000.00

1997年12月31日
(借) リース未稼得利息　5,963.86　　　(貸) 受　取　利　息　5,963.86

　2000年までの仕訳は，受取利息に関する2000（最終）年の仕訳がなされないことを除いて，同じパターンに従う。リース債権は2000年1月1日までにすべて回収されるため，2000年にはリース会社が利息をつけるべき純投資額はなくなる。リース終了時にはリース債権と未稼得利息はすべて償却される。リース会社での減価償却は計上されない。

2　オペレーティング・リースの会計処理方法

(1)　リース利用者側におけるオペレーティング・リースとしての会計処理

　オペレーティング・リース処理の下では，リース料が資産の使用に伴って日々発生する。リース利用者は資産の使用から利益を得られる期間にわたってリース料を支払う。上記のリース契約がオペレーティング・リースとして取引されたと仮定した場合，1996年1月1日のリース料の支払いに関する仕訳は次のようになる。

(借) 支 払 リ ー ス 料　25,981.62　　　(貸) 現　　　　　金　25,981.62

　将来のリース料に関わる負債及びリース資産は貸借対照表上では計上されない。リース料は損益計算書上に計上される。

(2)　リース会社側におけるオペレーティング・リースとしての会計処理

　オペレーティング・リースの下では，リース会社が受け取るリース料は，リース料収入として記録される。リース資産は通常の方法で償却され，減価償却費はリース料収入に期間的に対応させられる。減価償却に加えて，当期の維持コスト及びその他のサービスに伴うコストも費用に加えられる。鑑定手数料，仲介手数料，及び信用調査に伴うコストのような独立した第3者に支払われるコストはリース期間中に償却される。

　現金で受け取るリース料の仕訳は次のようになる。

(借) 現　　　　　金　25,981.62　　　(貸) リ ー ス 料 収 入　25,981.62

　減価償却は，リース会社では次のように記録される。

(借) リ ー ス 設 備　　20,000　　　　（貸）リ ー ス 設 備　　20,000
　　　減 価 償 却 費　　　　　　　　　　　　　　減価償却累計額

財産税，保険料，維持費，その他の年間に必要なコストがリース会社の負担とされる場合，それらは総リース収入に対応する費用として記録される。

3　会計処理方法の選択と報告利益への影響

リース取引をファイナンス・リースとして処理するかオペレーティング・リースとして処理するかにより報告利益に与える影響が異なるため，経営者はリース類型の選択に関心をもつ。すなわち，会計処理方法の選択の幅が認められている限りにおいて，企業の報告する利益額は，どの会計処理方法を選択するかによって変わってくる。

図表3では前出の設例においてリース利用者がオペレーティング・リースとファイナンス・リースとしてそれぞれ処理した費用額を比較したものである。リース取引がオペレーティング・リースとして会計処理された場合，第1年度の費用は，25,981.62ドルとなる。しがしながら，リース取引がファイナンス・リースとして会計処理された場合，第1年度に29,601.84ドルの費用を計上することになる。リース期間全体の総費用は同一であるが，ファイナンス・リースとして取り扱う場合，期間費用は最初の年度はより高く，後の年度にはより低

図表3　リース利用者側のリース費用比較表
—ファイナンス・リース対オペレーティング・リース—

(単位：ドル)

年度	ファイナンス・リース				オペレーティング・リース	差額
	減価償却費	財産税	利息	費用合計	リース料	
1996	20,000	2,000	7,601.84	29,601.84	25,981.62	3,620.22
1997	20,000	2,000	5,963.86	27,963.86	25,981.62	1,982.24
1998	20,000	2,000	4,161.08	26,162.08	25,981.62	180.46
1999	20,000	2,000	2,180.32	24,180.32	25,981.62	(1,801.3)
2000	20,000	2,000	-	22,000.00	25,981.62	(1,981.62)
合計	100,000	10,000	19,908.10	129,908.10	129,908.10	0

くなる。さらに，ファイナンス・リースの会計処理を行うことによって，資産とそれに関連する負債が貸借対照表上に当初100,000ドルとして報告される。オペレーティング・リースの処理を行う場合にはそのような資産と負債は報告されない。

ファイナンス・リースとしての処理はオペレーティング・リースとしての処理に比べ，次のような3つの差異を生みだす。

① 報告される負債合計の増加
② 報告される資産合計の増加
③ リース期間初期における利益の過小計上

このため，多くの企業の経営者は，ファイナンス・リースが総資本に対する負債比率を上昇させ，ことに初期において総資本利益率を減少させることで財政状態に悪影響を及ぼすものと信じ，ファイナンス・リースに従う会計処理を回避する傾向がある。キャッシュフローの観点からは，リースがオペレーティング・リースあるいはファイナンス・リースのどちらで処理されたとしても，企業の状況は同じである。にもかかわらず経営者がファイナンス・リース取引としての会計処理を避けようとするのはそのような処理によって株主が認める経営者への報酬額にマイナスの影響が現れるからである[22]。

お わ り に

以上，ファイナンス・リースとオペレーティング・リースの会計処理について設例分析を行い，リース利用者側の会計処理の相違が期間利益に及ぼす差異を分析し，企業の会計処理方法の選択誘因がリース会計報告に与える影響について考察した。その結果，ファイナンス・リースとしての会計処理はオペレーティング・リースとしての処理に比べ，報告される負債の合計と資産の合計は増加し，リース期間早期には利益が過少に計上される。ファイナンス・リースが早期における総資本利益率を減少させることは経営者への報酬額にマイナスの影響が現れることから多くの経営者がオペレーティング・リースに従う会計処理を好むのである。

1) Donald E.Kieso and Jerry J. Weygandt, *Intermediate Accounting*, John Wiley & Sons, 1995, p. 1121.
2) Harry I. Wolk, Jere. R. Francis and Michael G. Tearney, *Accounting Theory : Conceptual Institution Approach*, 2nd ed. 1989, p. 521.
3) International Accounting Standards Committee, Exposure Draft 56, *Leases*, 1997, par. 4.
4) FASB, Statement of Financial Accounting Standards No. 13, *Accounting for Leases*, 1976, par. 1.
5) Ibid., par. 60.
6) 企業会計審議会「リース取引に係る会計基準」一。
7)「リース取引に係わる法人税及び所得税の取扱いについて」1。
8) 施設貸与産業育成法 第2条 第1号。
9) Earl A. Spiller, Jr .and Martin L.Gosman, *Financial Accounting : Basic Concepts*, Richard D. Irwin, Inc., 1984, p. 419.
10) Donald C. Cook, "The Case Aganist Capitalizing Leases" *Havard Business Review*, January-February, 1963, pp. 145-161.
11) 森田哲弥, 宮本匡章編『会計学辞典』中央経済社, 1993年。
12) 金星基『現代中級会計』ソウル茶山出版社, 1985, 548-549頁。
13) FASB, Statement of Financial Accounting Concepts No. 6, *Elements of Financial Statements*, 1985, par. 25, 35.
14) Harry I. Wolk et. al., *op. cit.*, pp. 517-518.
15) 李重熙『リース会計』経文社, 1988年, 68-69頁。
16) John H. Myers, *Reporting of Leases in Financial Statements*, AICPA, Accounting Research Study No.4, 1962, pp. 34-38.
17) Harry I. Wolk, et, al., *op. cit.*, p. 521.
18) American Institute of Accountants, *Disclosure of Long Term Leases in Financial Statement of Leases*, Accounting Research Bulletin No.38, 1949, par. 7.
19) Accounting Prenciples Board, *Reporting of Leases in Financial Statements of Lease*s, APB Opinion No. 5, 1964, par. 9.
20) *Ibid.*, par. 10.
21) 以下の設例とその会計処理はDonal E.Kieso and Jerry J.Weygandt, *op.cit.*, pp. 1129-1146によるものである。
22) Donald E. Kieso and Jerry J. Weygandt, *op. cit.*, p. 1133.

第2章 リース取引の実態と特徴

は じ め に

本章では,日本と韓国におけるリース産業の発展過程及びリース取引に関連する法規を検討し,そこに見られるリース取引に係わる経済的・制度的環境を背景とする両国のリース産業の特徴とリース取引の実態が分析される。

第1節 リース産業の発展過程

1 日本における発展過程

日本にリース取引が導入されたの1963年度であった[1]。当時,日本では初めて日本リース会社が設立され,昭和39 (1964) 年には,オリエント・リース(現オリックス)会社,東京リースが創業した。この時期の特徴は,設備投資が活発であったことにある。当時,設備投資の中心は,カラーテレビ,クーラー,自動車等耐久消費財を生産する機械設備から大型・プラントにまでわたる第二次産業にあった。このような設備資金調達は銀行を中心とした間接金融に依存していたが,資金の供給は慢性的に不足しており企業は新たな資金調達手段としてリースを利用した。しかし,この高度成長期の金融的側面のみの偏重の結果,リースのその他のメリット及びその機能の充実が欠けることになり,その後,金融緩和に向かうとリースの利用需要が急激に低下する時期が長く続いた。1973年第1次オイル・ショックが発生し,インフレを抑えるために金融政策も強度の引締策へと転換され,インフレから一挙に不況を迎えることとな

った。このような激変を続けた時期に産業構造は変化しつつあった[2]。消費生活が豊かになり，外食産業，スーパーマーケット等が重要性を増やし，これら業種の店舗展開が積極化してきた。また，医療の充実が求められるようになり，医療機関も最新設備の導入が必要となった。また，あらゆる産業界に，陳腐化の激しい物件として典型的なコンピュータが一挙に普及していった。

　コンピュータと医療機器のリース需要増加の要因は，リースにより陳腐化リスクが回避できるうえ，導入に手間がかからない点が挙げられる。商業用機械設備の需要増は，店舗展開を図るのにリースのもつ機能が適応したからである。積極的に店舗展開を図るためには多くの資金を必要とするが，急成長したリース業界は担保が不足していたため，既存の金融機関では対応することができなかった。さらに，リース事業の将来性に着目した企業または企業グループが新規事業分野としてリース事業の積極的な展開を志向した点が見落とされてはならない。日本リース産業の中核となっている総合リース会社の大半は，総合商社，銀行，保険会社，メーカーなどの出資により設立されており，株主構成からは，旧財閥系等の企業集団，または銀行系列ごとの共同出資会社も見られる。

　1973年から1976年にかけて地方銀行と相互銀行は，系列のリース会社を集中的に設立していった。これらの地域リース会社の特徴は，設立母体の地銀・相銀にはリース事業のノウハウが十分でなかったことから，都銀・長信銀との金融系列をキーに先発リース会社との合弁形式をとり，その経営指導をうけながらノウハウの補完を図った点にある[3]。

　地銀・相銀による地域リース会社の設立に引き続き，情報関連機器等のメーカーを中心に，メーカー主導型のリース会社が続々と設立された。メーカー自らリース会社を設立する背景には，リース・マーケットの拡大に伴い自社製品の販売にリースの利用を無視できなくなり，ユーザーとの直接的な接触をあらためて考慮する必要が生じたことと，あわせて新規事業としてのリース事業への着目があった。メーカー自身がリース事業を行うことにより，設備更新サイクルが判明し，販売活動の効率的な展開が可能となった。

以上のように,日本にリースが導入されて30年以上が経過したが,リースはリース利用者にとって事務の合理化,平易な会計処理,設備導入の簡便化,技術革新の進展に伴う経済的陳腐化への対応等に役立つことから,企業における重要な設備調達手段として積極的に利用されてきた。また,メーカーやディーラーには機械設備の販売促進手段としてリースが活用されている。このようなリースの利点が産業界に受入れられ,リース産業は成長している。1996年現在,日本リース事業協会に加盟しているリース事業会社は360社に達している。さらに,リース契約額は増大し,8兆3,197億円となっている[4]。

 日本のリース産業がこのように高度成長した背景は次のよう要約できる。
① 企業は効率的な設備資金調達手段としてリースを利用した。
② リース産業の将来性に着目した企業が新規事業分野としてリース産業の積極的な展開を志向した。
③ 商社及びメーカーが資金負担及びリスク負担をリース会社に負担させる方式の製品販売網拡大手段という点に着目してリース産業に積極的に進出した。
④ リース利用者にとって事務の合理化,平易な会計処理,設備導入の簡便化に役立った。

2 韓国における発展過程

 韓国の国内企業による設備投資は,1970年代初めに急速な経済成長に伴い拡大し始めた。過去30年間急速な経済成長を持続してきた韓国は,その成長に伴う莫大な設備資金の投資財源を,国内貯蓄の不足から外資に依存せざるをえないなど経済開発計画に深刻な問題があった。投資需要に対する資金不足のため,企業は銀行借入や銀行保証外資を導入したが,担保不足でその借入能力は大きく圧迫された。このような投資環境の中で,韓国のリース産業の発達は当然であったともいえる。

 韓国政府は1970年代初期に,不良企業の整理,利子の減免など緊急対策の過程の中で,リース産業を導入するという政策支援を行った[5]。1972年12月16

日，韓国産業銀行が単独出資して「韓国産業リース会社」を設立することによってリース産業が始まったが，初年度の営業成績は振わなかった。その理由はリースに対する考えが普及しておらず，営業を遂行していく過程で関連諸法規の制約が大きかったためである。例えば，外国産機械の輸入のための手続き，設備資金または外貨の貸出，関税の減免などに関してリース会社が実需要者でなかったために困難があったり，船舶や車両および重機などに対しては関連法規に抵触し営業活動に制限を受けることになった。このような制約を克服するため，1973年12月31日には施設貸与産業育成法が制定され，1974年4月13日には同施行令が，1974年5月17日には同施行規則が制定，公表された。その後，1975年に「韓国開発リース会社」と「第一シティコープリース」の専門リース会社が設立され，さらに1979年から6つの総合金融会社がリース業務に参入し，この期間に韓国リース産業は年平均成長率が100％以上にも達した。しかし，1979年後半から1982年まで続いた不況はリース産業に悪影響を与え，リース市場をめぐる激しい競争からこの期間の年平均成長率は18％に低下した[6]。

　1982年3月施設貸与産業育成法が改正され，それによってリース会社の事業領域が拡大し，施設の割賦販売と法律によって実現不可能であった重機及び自動車等のリースが含まれることになった。また，資金調達能力を増大させるため，リース会社の純資産額の10倍まで社債を発行できるよう法的制限が緩和された。1983年から経済が回復したが，通貨緊縮政策により企業に対する一般貸出が制限されたことから，企業は資金の代替的な調達手段としてリースを求めるようになった。この頃からリース契約実績は急激に増加し，1996年現在，年間リース実績はおよそ20兆5千億ウォンに達し[7]，施設貸与業（リース業）もリース専業会社が25社，総合金融会社が15社及び新技術事業金融会社が3社で合計43社に達した。

　韓国のリース産業が急成長した要因として次の諸点が指摘される[8]。
　① リース会社は，中小企業の海外資金調達源として，輸入に伴う付随費用を支援する役割を遂行した。
　② 韓国の大企業は負債比率が非常に高いため，設備投資のための資金をリ

ースに依存することで，これを貸借対照表に計上しなくても良いというオフバランス効果を利用した。
③ リースは，担保不足によって銀行から融資を受けられない企業にとっては，非常に魅力的な資金源であった。
④ リース会社間の競争によって，リース利用者は資金調達において効率的なサービスを受け，また，事務管理や会計処理も簡便化された。

第2節　リース取引の会計規制

1　日本リース取引の会計規則

日本のリース取引に関する会計処理及び開示に関する基準としては，次のものがある[9]。
① 法人税法個別通達[10]。
② リース取引に係る会計処理に関する意見書（「意見書」）[11]。
③ リース取引の会計処理及び開示方法に関する実務指針（「実務指針」）[12]。
④ リース取引に関する監査上の取扱い（「監査上の取扱い」）[13]。

法人税法個別通達は，意見書公表前における日本の実質的なリース会計基準・実務指針として機能してきた。意見書の公表後においても，同基準の適用範囲外の取引については，実質的な会計基準として機能している。

具体例としては，リースのうち同通達により売買と認定されるものは割賦売買（延払条件付譲渡）の処理を税務上要するが，この種類のリースは，リース会計基準では所有権の移転するファイナンス・リースとして売買処理を要求される。リース利用者側とリース会社側がこの種類のファイナンス・リースを売買と認識し，同通達に従って割賦売買処理をした場合には（割賦売買には「意見書」は適用されないことになるため），「意見書」の適用はない[14]。

日本で通常行われていたリース契約は，中途解約禁止，物件の担保責任・リスク負担等民法上の賃貸借と異なる要素も有するが，当事者の意思，契約の法

形式,取引の契約内容からみれば「賃貸借」であり,リース利用者,リース会社ともに「賃貸借方式」により会計処理が行われてきた。しかしながら,その取引の経済的実態が物件を売買した場合と同様のリースがかなり増加してきたことに伴い,賃貸借取引としての処理はその取引実態を財務諸表に的確に反映するものとはいいがたく,公正妥当な会計基準を設定することが広く求められていた。また,リース産業の著しい成長という経済的背景や国際的会計基準との調和及びディスクロージャーの充実などの視点から,「意見書」がとりまとめられた。

「意見書」はリースの会計処理の骨子のみを示すものであり,実務への適用にあたってはさまざまな実務的配慮を必要とするため,「実務指針」や「監査上の取扱い」が公表された。したがって,「意見書」の適用にあたっては,これらの指針及び取扱いを一体として適用しなければならない[15]。

「意見書」及び「実務指針」の公表から日本におけるリース会計基準の整備が本格化するとともに,リースの資産化という考え方が導入されることになった。「意見書」及び「実務指針」は,1994年中間決算から段階的に実施され,ディスクロージャーの充実とその進展が期待されている。

2 韓国リース取引の会計規制

韓国のリース産業を規制する関連基準は,施設貸与業法[16],同施行令,同施行規則,リース会計処理基準及び法人税法等である。韓国のリース産業は政策支援型であり,韓国のリース取引に大きな影響を与えているのは施設貸与業法と同施行令,同施行規則である。

施設貸与業法(以下貸与法),同施行令,同施行規則によるリース契約の条件は次のようである。

(1) リース物件に対する維持管理費用はリース利用者が負担する。

(2) リース期間は大統領令が定める一定期間以上でなければならない。大統領令が定める期間というのは法人税法施行令第49条による耐用年数が5年以下である物件は耐用年数の70%,5年を超過する物件は60%以上を

いう[17]。
(3) リース料はリース期間中に定期的に分割して支払わなければならない。したがって，一時に一定対価を支払う賃貸借取引はリースではない。ここで定期的というのは6ヶ月を超過することができないため，1年に2回以上分割して支払わなければならない[18]。
(4) リース期間終了後の物件の処分に関しては当事者間の約定による[19]。

　貸与法によるリース取引の当事者は，リース会社とリース利用者である。リース会社は，金融業として財務部長官の許可を受け，また資本金が100億ウォン以上の株式会社でなければならない[20]。リース利用者は，リース会社から特定物件を貸与され使用対価を支払う者をいう。しかし，国民経済の健全な発展という政策的な目的を達成するために，リース利用者の範囲は制限されている。すなわち，経済開発に役立つ企業にのみ設備等を調達させ，奢侈性消費を助長したり，国民経済に緊急的な必要性がない業種，あるいは所得税法の規定により事業者登録をしていない個人等はリース利用者の範囲から除外される[21]。

　貸与法ではまた，リース物件の範囲を制限している。韓国では，リース産業の導入時に技術不足による欠陥設備の問題を解決するために，新品のみをリース物件の範囲に含め，リース物件の範囲を「リース会社が新たに取得するか貸与を受けたもの」として制限し，特定物件の対象を①施設・設備・機械及び器具，②重機・車両・船舶及び航空機としている[22]。なお，土地もしくは建物に附属した特定物件は独立的なリース物件にはならないが，上記の①，②の項目と直接な関連がある不動産及び財産権は認められる[23]。しかし，特定物件の範囲に属する物であっても新品ではない輸入物件[24]，リース利用者の事業目的に直接使用しない物件，事業者登録をしてない個人が使用する物件，奢侈性消費を助長したり，国民経済に緊急を必要としない業種または用途に使用される物件などはリース契約の対象から除外される[25]。

　韓国のリース産業は貸与法の制定以後，急速に成長し，それに伴って，リース取引の適正な会計処理及び開示に関するリース会計基準が求められるようになった。そのため，証券管理委員会は，企業会計基準第131条に依拠して，

1985年にリース会計処理基準を制定し，1993年に第1次改正を行なっている。

韓国のリース会計処理基準の目的は，「リース取引の会計処理及び財務報告に関して企業会計基準で規定されていない事項，あるいはリース取引の特殊性により企業会計基準とは別個に適用する必要性がある事項を定めること[26]」であった。リース会計処理基準は，貸与法及び中小企業振興法の規定による施設貸与取引（リース取引）のみを適用対象とする[27]。そのため，一般的な賃貸借取引，外国からのリース取引，長期割賦販売，設備金融等はその対象から除外される。

第3節 リース取引の特徴

1 日本におけるリース取引の特徴

日本におけるリース取引の現状には次のような4つの特徴が指摘できる。

(1) 3次産業関連設備の比率が高い。

図表1は日本の業種別リース契約についての統計を示したものであり，また，図表2は日本のリース機種別実績を示したものである。図表1で見られるように日本の業種別リース契約では非製造業の比率が1991年から1995年までの5年間平均60％以上を占めており，その比率は非製造業全体では毎年増加傾向を示している。非製造業の中でもサービス業（医療を含む）及び卸売・小売業の比率が高い。また，リース機種別を示す図表2では情報関連機器（コンピュータ及び周辺，通信機器）が全体の40％以上で最上位にランクされ，また，商業・サービス業用機械設備の比率が高い。

(2) 中長期のリースである。図表3はリース物件別にみた日本のリース契約期間を平均で示したものである。1994年度には産業用ロボットが6.4年で最も長く，次いで工作機械が6.2年，産業機器が6.0年の順である。また，図表2で見られた機種別リース契約額が高い情報関連機器（コンピュータ及び周辺機，通信機器）及び一般事務機器のリース契約期間はほぼ5年に集中している。また，産業用機器及び工作機器等は，1994年度には6年を若干越えるが，1996年

図表1　日本の業種別リース契約額

(単位：億円，％)

区別＼業種	1991 金額	比率	1992 金額	比率	1993 金額	比率	1994 金額	比率	1995 金額	比率
農・水産・鉱業	854	1.0	551	0.7	594	0.8	663	0.9	555	0.7
製造業	31,643	36.0	25,814	33.2	21,946	30.6	20,445	27.8	20,958	27.5
鉄鋼	1,970	2.1	1,625	2.1	1,478	2.1	1,256	1.7	1,109	1.5
機械	11,102	10.5	8,860	11.4	7,536	10.5	6,997	9.5	7,543	9.9
化学	2,263	2.3	1,841	2.4	1,683	2.3	1,520	2.1	1,661	2.2
繊維	1,803	1.6	1,441	1.9	1,171	1.6	949	1.3	834	1.1
食品	3,736	4.6	3,572	4.6	3,335	4.6	3,318	4.5	3,311	4.3
その他	10,769	9.4	8,475	10.9	6,743	9.4	6,405	8.7	6,501	8.5
非製造業	50,423	57.3	47,053	60.5	45,087	62.8	48,139	65.5	50,750	66.6
電気・ガス	536	0.6	508	0.7	424	0.6	660	0.9	573	0.8
卸売・小売	14,780	16.8	14,090	18.1	13,408	18.7	13,895	18.9	14,749	19.4
金融・保険	5,949	6.8	5,677	7.3	5,500	7.7	5,617	7.6	5,849	7.7
運輸・通信	4,192	4.8	3,698	4.8	3,415	4.8	3,925	5.3	3,657	4.8
建設・不動産	4,213	4.8	3,756	4.8	3,584	5.0	3,929	5.3	4,034	5.3
医療・サービス	20,753	23.6	19,325	24.9	18,755	26.1	20,113	27.4	21,889	28.7
その他	5,095	5.7	4,323	5.6	4,199	5.8	4,250	5.8	3,951	5.2
合計	88,016	100%	77,742	100%	71,825	100%	73,497	100%	76,214	100%

資料：日本リース事業協会『Lease』1994年12号，1995年12号，1996年12号より作成

には6年未満に短縮される。7年以上のリース期間はなく，リース契約額の比率の高いリース物件の契約期間がほぼ5年前後の中長期リースであると言える。

(3) ファイナンス・リースの比重が高い。日本ではオペレーティング・リースがあまり普及しておらずファイナンス・リースが殆どである。その理由は，「物件の中古市場の未整備，物件の陳腐化の速度が早いことなどによるものである」[28]。図表4は日本の上場リース会社の有価証券報告書にみられるリース取引高の区分を示す。そこでの賃貸料収入に占めるオペレーティング・リースの比率は5％に過ぎない。また，図表5はニューヨーク証券取引所に上場して

図表２　日本のリース機種別リース契約額

(単位：億円，％)

機種＼区別	1991 金額・比率	1992 金額・比率	1994 金額・比率	1995 金額・比率
情報関連機器	36,204 (41.1)	32,683 (42.0)	30,401 (41.4)	30,392 (39.9)
事務用機器	7,752 (8.8)	6,778 (8.7)	7,786 (10.6)	8,011 (10.5)
産業機械	14,484 (8.8)	12,314 (8.7)	9,339 (12.7)	9,539 (12.5)
工作機械	4,713 (5.4)	2,896 (3.7)	1,572 (2.1)	1,723 (2.3)
土木建設機械	1,496 (1.7)	1,338 (1.7)	1,207 (1.6)	1,506 (2.0)
輸送用機器	5,072 (5.8)	4,674 (6.0)	5,382 (7.3)	5,430 (7.1)
医療機器	2,421 (2.8)	2,524 (3.2)	2,550 (3.5)	2,607 (3.4)
商業用及びサービス業用機械設備	11,189 (12.7)	10,724 (13.8)	11,567 (15.7)	13,110 (17.2)
その他	4,685 (5.3)	3,812 (4.9)	3,692 (5.0)	3,898 (5.1)
合計	88,016 (100.0)	77,742 (100.0)	73,497 (100.0)	76,214 (100.0)

資料：日本リース事業協会『Lease』1994年12号，1995年12号，1996年12号より作成

いる日本のリース利用企業９社の日本の有価証券報告書にみられるリース取引高の区分を示す。そこでは，総支払リース料に占めるオペレーティング・リースの比率は７％に過ぎない。

　日本のリース分類基準上ファイナンス・リースは所有権移転ファイナンス・リースと所有権移転外ファイナンス・リースに区分されるが，全ての所有権移転外ファイナンス・リースについて賃貸借の処理がなされているのが特徴であ

図表3　物件別にみた日本のリース契約期間

		1994年度	1996年度
事務用機器	コンピュータ及び周辺機器	4.9年	5.0年
	コンピュータソフト	4.9年	5.1年
	通信機器・交換機	5.0年	5.1年
	一般事務機	4.7年	4.8年
その他の機器	産業機械	6.0年	5.7年
	産業用ロボット	6.4年	5.4年
	工作機器	6.2年	5.8年
	建設機械	3.3年	3.5年
	自動車	4.2年	4.4年
	医療機器	5.0年	4.8年
	輸送機	4.7年	5.0年

資料：日本リース事業協会『リース需要動向調査報告書』1994年9月25頁，1996年10月27頁より作成。

図表4　日本のリース会社におけるリース取引と会計処理の実態

(1995年4月1日～1996年3月31日)　(単位：百万円)

区別　社名	賃貸料収入	所有権移転外ファイナンス・リース	オペレーティング・リース	その他の売上	所有権移転外リースの会計処理方法
オリックス(株)	434,784	425,854	8,930		賃貸借処理
(株)九州リース	25,283	25,148		135	賃貸借処理
住商リース(株)	204,748	204,748			賃貸借処理
セントラルリース(株)	174,043	174,043			賃貸借処理
ダイヤモンドリース	227,241	227,241			賃貸借処理
東京リース(株)	207,700	201,155	4,238	2,307	賃貸借処理
大和工商リース	62,635	7,350	55,285		賃貸借処理
東海リース	18,705	18,705			賃貸借処理
合　計	1,355,139	1,284,244	68,453	2,442	賃貸借処理
比　率	100%	94.8%	5.0%	0.2%	賃貸借処理

・その他の売上高には，リース期間満了物件の売却額，リース契約ならびに割賦契約の中途解約による規定損害金収入及び不動産売上高などを計上している。
・資料：平成8年3月の有価証券報告書より作成

138   第3部 リース会計の現状と国際化

図表5   日本のリース利用企業におけるリース取引と会計処理の実態

(単位:百万円)

区分 社名	総支払 リース料	所有権移転外 ファイナン ス・リース	所有権移転 ファイナン ス・リース	オペレーティ ング・リース	会計 処理
松下電器産業	11,833	11,833	—	—	賃貸借
日立製作所	5,439	555	—	4,884	〃
本田技研工業	5,162	5,162	—	—	〃
ソニー	3,342	3,342	—	—	〃
ティーディーケイ	3,304	1,906	—	1,398	〃
パイオニア	2,733	2,733	—	—	〃
三菱銀行	2,621	2,621	—	—	〃
日本電信電話	56,916	56,916	—	—	〃
京セラ	1,896	1,722	—	174	〃
合計	93,246	86,790 (93%)	(0%)	6,456 (7%)	

平成6年4月1日~平成7年3月31日の日本の有価証券報告書より作成

る。

2 韓国におけるリース取引の特徴

韓国のリース取引の特徴として次の諸点が指摘できる。

(1) 汎用性の少ない産業機器の比率が高い。特に,韓国のリースは,導入の背景自体が政策支援型リースと言える。その中でも産業設備調達のための金融手段の性格を色濃く反映し,汎用性の少ないリース物件に対するリース契約が高い比率を占めるという特徴をもつ。図表6は韓国の業種別リース契約についての金額を,また,図表7は韓国のリース産業におけるリース機種別実績を示したものである。図表6で見られるように韓国の業種別リース契約の中で製造業の比率は60%を越え,また,図表7で産業機械機器の比率が60%を上回っている。

韓国のリースが,産業機械機器等が60%を上回る圧倒的な比重を占めるのに対して,前項で見られたようにリース産業が発達した日本のリース取引物件は,情報関連機器や商業用及びサービス業用機械設備など資本の回収期間が比

図表6　韓国の業種別リース契約額

(単位：100万ウォン，( ) 内は％)

業種＼年度	1991年	1992年	1993年	1994年	1995年
農業・水産業	86,146 (1.2)	67,898 (0.8)	103,868 (0.9)	202,324 (1.1)	138,590 (0.7)
製造業	4,696,777 (64.9)	5,679,628 (60.5)	7,521,712 (66.2)	11,993,086 (62.3)	13,246,949 (64.3)
電気・ガス業	50,462 (0.7)	62,378 (0.7)	―	―	―
建設業	714,712 (9.9)	552,531 (5.9)	511,271 (4.5)	524,898 (2.7)	826,434 (4.0)
卸・小売業	262,814 (3.6)	479,550 (5.1)	373,370 (3.3)	417,226 (2.2)	506,019 (2.5)
宿泊及び観光	―	―	44,322 (0.4)	19,542 (0.1)	37,997 (0.2)
運輸・通信業	278,289 (3.8)	597,594 (6.4)	774,128 (6.8)	1,714,515 (8.9)	1,620,284 (7.9)
金融・保険業など	414,112 (5.7)	967,839 (10.3)	797,328 (7.0)	2,304,358 (12.0)	2,260,053 (11.0)
医療業	171,085 (2.4)	188,933 (2.1)	319,817 (2.8)	553,667 (2.9)	507,314 (2.5)
環境産業	―	―	7,947 (0.1)	19,592 (0.1)	30,414 (0.1)
サービス業	560,817 (7.8)	788,143 (8.4)	753,066 (6.6)	1,240,567 (6.4)	1,100,318 (5.3)
その他	―	―	161,291 (1.5)	253,378 (1.3)	319,973 (1.5)
合計	7,235,214 (100％)	9,384,494 (100％)	11,368,120 (100％)	19,243,153 (100％)	20,587,430 (100％)

資料：韓国リース金融協会『設備投資及びリース金融統計』1996年9号より作成

較的短期であり，収益創出能力が比較的高くてリスクが少ない3次産業関連設備に集中している。韓国では日本に比べ先端産業の発達が遅れ，事務自動化がそれ程進んでおらず，必要な産業機器に対して優先的にリース需要が誘発されるため産業機器の比率が先進国に比べ高いものと考えられる。

(2) 外貨資金の比重が高いリースである。韓国のリース産業の初期段階で

図表7　韓国のリース機種別リース実績

(単位：100万ウォン，( )内は%)

機種＼年度	1991年	1992年	1993年	1994年	1995年
産業機械	4,449,563 (61.5)	5,784,086 (61.6)	7,261,970 (63.9)	12,839,569 (66.7)	14,156,595 (68.8)
運輸・運搬機器	1,239,867 (17.1)	1,660,699 (17.7)	2,056,952 (18.1)	3,395,117 (17.6)	3,372,972 (16.4)
医療機器	164,615 (2.3)	196,200 (2.1)	436,849 (3.8)	779,380 (4.1)	626,905 (3.0)
公害防止用機器	14,717 (1.2)	14,701 (0.2)	30,375 (0.3)	20,569 (0.1)	39,744 (0.2)
教育科学技術用機器	10,941 (0.2)	28,294 (0.3)	17,438 (0.2)	37,522 (0.2)	43,673 (0.2)
事務機器	384,593 (5.3)	386,895 (4.1)	435,689 (3.8)	601,704 (3.1)	581,215 (2.8)
通信機器	28,494 (0.4)	7,996 (0.1)	83,444 (0.7)	295,692 (1.5)	220,940 (1.1)
流通産業用機器	153,028 (2.1)	260,956 (2.8)	228,382 (2.0)	155,224 (0.8)	175,635 (0.8)
その他	789,396 (10.9)	1,044,667 (11.1)	817,021 (7.19)	1,118,376 (5.8)	1,369,751 (6.7)
合計	7,235,214 (100.0)	9,384,494 (100.0)	11,368,120 (100.0)	19,243,153 (100.0)	20,587,430 (100.0)

資料：韓国リース金融協会『設備投資及びリース金融統計』1996年9号より作成。

は，国内産業資本が不足したため，外資導入によりリース産業を育成するしかなかった。また，国産機器の性能が劣るばかりか，機械自体も不足する状況から，外国産機械購入のための外貨が必要であった。図表8はリース取引高に占める国産と外国産の機械購入実績を表したものである。1986年以降，国産機械の占める比率はかなり増加してきているが，外国産機械の占める比率は4割前後で推移し，1994年，1995年においては54.90%，53.39%に達する。韓国の場合，外貨資金の利用は産業初期よりは減少したが，現在でも高い水準にある。それは外国機械依存度がいまだに高く，外貨資金の利子費用がウォン資金より低く，外貨資金調達が相対的に容易なためである。

図表8　韓国の国産・外国産機械別分類

(単位：100万ウォン)

産地別 年度	国産機械		外国産機械		計	
	金額	比率	金額	比率	金額	比率
1973～1985	735,748	29.67	1,743,944	70.33	2,479,692	100%
1986～1990	12,285,249	63.03	7,206,583	36.97	19,491,832	100%
1991	4,005,383	55.36	3,229,831	44.64	7,235,214	100%
1992	6,051,790	64.49	3,332,704	35.51	9,384,494	100%
1993	6,933,641	61.00	4,434,479	39.00	11,368,120	100%
1994	8,679,139	45.10	10,564,014	54.90	19,243,153	100%
1995	9,595,320	46.61	10,992,110	53.39	20,587,430	100%

資料：韓国リース金融協会『設備投資及びリース金融統計』1996年9号より作成

(3) 長期のリースである。図表9は1990年から1995年度までの韓国のリース契約の期間別分類について比率を示したものである。そこに見られるように，5～7年以上の契約期間リースが全体のほぼ7割以上を占め，また，5～7年から7～10年及び10年以上の契約期間リースへと一層長期化する傾向が見られる。韓国のリースが長期設備投資の金融支援手段として多く利用されている事情がここに読みとれる。韓国ではリース期間が5～10年に及ぶ長期リース契約が多いのに対し，日本では7年以上のリース契約期間はなく，5年前後の契約期間が多いことが前項で指摘された。

(4) オペレーティング・リースの比重が高い。図表10は，韓国の証券取引所に上場されている7社のリース専業会社における資産比率の実態を調査したものであが，7社の合計額ではオペレーティング・リース資産がリース資産のほぼ6割～7割を占めている。この事実は，現実にリース利用者がオペレーティング・リースを圧倒的に選好しているということを示す。

お　わ　り　に

日本と韓国におけるリース取引の実態を分析した結果，両国間の相違点が次のようにまとめられる。

図表9　韓国のリース契約の期間別分類

(単位：100万ウォン　( )内は%)

期間 年度	1～3年 金額 (比率)	3～5年 金額 (比率)	5～7年 金額 (比率)	7～10年 金額 (比率)	10年以上 金額 (比率)	合計
1990年	149,961 (3.0)	1,226,266 (25.0)	3,111,535 (63.3)	402,260 (8.2)	22,647 (0.5)	4,912,669 (100%)
1991年	208,421 (2.9)	2,155,808 (29.8)	4,220,949 (58.3)	643,664 (8.9)	6,372 (0.1)	7,235,214 (100%)
1992年	273,299 (2.9)	2,548,828 (27.2)	5,897,926 (62.8)	600,331 (6.4)	64,210 (0.7)	9,384,494 (100%)
1993年	185,733 (1.6)	2,431,649 (21.4)	6,588,952 (58.0)	2,080,304 (18.3)	81,482 (0.7)	11,368,120 (100%)
1994年	192,425 (1.0)	2,862,097 (14.9)	8,388,269 (43.6)	6,625,044 (34.4)	1,175,318 (6.1)	19,243,153 (100%)
1995年	221,785 (1.1)	4,623,342 (22.4)	7,452,468 (36.2)	7,097,322 (34.5)	1,192,513 (5.8)	20,587,430 (100%)

資料：韓国リース金融協会『設備投資及びリース金融統計』1996年9号より作成

1. リース利用物件について，日本では充分な資本が累積されているため産業機器等の二次産業関連設備には既存の金融手段が利用され，技術革新が急速で収益創出能力が高い3次産業関連設備のリース比率が高いのに対して，韓国のリースは，導入の背景自体が政策支援型リースと言えるし，その中でも特に産業設備調達のための金融手段の性格を色濃く反映し，製造業での汎用性の少ない産業機器の比率が高いリース契約が大部分を占めるという特徴をもっている。
2. 日本と比べ韓国では，国内産業資本が不足したため，外貨導入によりリース産業を育成するしかなかったこと等から外貨資金の比重が高い。
3. リース契約期間について，日本ではほぼ5年前後の中長期リースであると言えるが，韓国ではリースが長期設備投資の金融支援手段として多く利用されているため，5年から10年に及ぶ長期リース契約が多い。

図表10　韓国のリース会社におけるリース資産（債権）比率

(単位：百万ウォン（　）内は％)

区別 社名	1994年		1995年	
	ファイナンス・リース	オペレーティング・リース	ファイナンス・リース	オペレーティングリース
韓国開発リース	685,357 (28.3%)	1,733,036 (71.7%)	1,026,751 (32.9%)	2,097,649 (67.1%)
韓国産業リース	460,632 (20.2%)	1,822,587 (79.8%)	910,258 (28.9%)	2,238,576 (71.1%)
韓佛綜合金融リース	304,744 (32.3%)	637,631 (67.7%)	336,502 (35.1%)	620,956 (64.9%)
アセア綜合金融	282,199 (44.3%)	355,184 (55.7%)	313,191 (45.9%)	368,520 (54.1%)
韓国綜合金融	262,539 (46.5%)	302,306 (53.5%)	382,634 (58.6%)	270,321 (41.4%)
セハン綜合金融	472,965 (51.5%)	444,740 (48.5%)	480,347 (51.3%)	455,858 (48.7%)
現代綜合金融	189,230 (28.6%)	472,120 (71.4%)	260,909 (35.6%)	472,576 (64.4%)
合　計	2,657,666 (31.5%)	5,767,604 (68.5%)	3,710,592 (36.3%)	6,524,456 (63.7%)

資料：韓国事業報告書（有価証券報告書）より作成

4．リース取引の種類と会計処理について，日本では，リース物件の中古市場の未整備やリース物件の陳腐化の速度が早いことなどの理由からオペレーティング・リースがあまり普及しておらずファイナンス・リースが殆どであり，ことに所有権移転ファイナンス・リースについて賃貸借処理がなされているが，韓国では，リース取引の実質的内容がファイナンス・リースの特徴をもつにも拘わらず会計処理上はオペレーティング・リースの比率が高い。

1) 宮川公男『リース』日本経済新聞社，1987年，20頁。

2）宮川公男,前掲書,24頁。
3）宮川公男,前掲書,25-29頁。
4）日本リース事業協会,『リース』6号,1997年,28頁。
5）呉允根「リース産業の政策的意義と育成策」『会計と税務』1981年,5号47-48頁。
6）車一憲「リースの経済性分析と会計に関する研究」『全北大学学位論文』1987年,84頁。
7）韓国リース金融協会『設備投資及びリース金融統計』1996年,9号,78頁。
8）車一憲,前掲稿,84-85頁。
9）新美和彦,間所徹『リース取引会計システム』中央経済社,1995年,23頁。
10）1978（昭和53）年,国税庁は,個別通達「リース取引に係わる法人税及び所得税の取扱いについて」（昭53直法2-19）を公表するとともにその運用の徹底を図るため,「『リース取引に係る法人税及び所得税の取扱いについて』通達の運用について」（昭53直法2-25）を公表した。
11）1993（平成5）年,大蔵省企業会計審議会が公表した「意見書」と同時に「リース取引に係る会計基準」が公表された。
12）1994（平成6）年,日本公認会計士協会会計制度委員会が公表した。
13）1994（平成6）年,日本公認会計士協会監査委員会報告第54号。
14）新美和彦,間所徹「前掲書」23-24頁。
15）新美和彦,間所徹「前掲書」24頁。
16）1991年12月27日に「施設貸与育成法」という名称から変更された。
17）貸与法施行令 第2条 第1項。
18）貸与法施行規則 第4条。
19）貸与法 第1条 第1号。
20）貸与法 第2条 第4号,第3条,第4条。
21）貸与法施行令 第6条 第5号,第6号。
22）貸与法 第7条の2。
23）貸与法施行令 第6条 第1項 第1号。
24）財務部長官が許可する場合は例外。
25）貸与法施行令 第6条。
26）リース会計処理基準 第1章 第1条。
27）施設貸与業法 第2条 第1号。
28）秋山正明『リース会計の実務』中央経済社,1994年,14頁。

第3章 リース分類基準の国際的特徴と問題点

はじめに

　第1章で論及されたように，論理的には，リース資産の所有に伴う大部分の便益とリスクが実質的にリース利用者に帰属するか否かによってファイナンス・リースとオペレーティング・リースが区分される。しかし，両者の実務上での区分には具体的で客観的な判定基準の設定が必要となる。判定基準の設定が不充分あるいは不明確な場合，会計実務側での主観的，恣意的な区分が可能となり，実質的にファイナンス・リースの性質をもつリース取引がオペレーティング・リースとしての賃貸借処理の会計処理がなされることになる。

　第2章で，日本では，経済的実質においてはファイナンス・リースの性質をもつリースが所有権移転外ファイナンス・リースとして賃貸借処理され，また，韓国では，フルペイアウトの性質をもつ汎用性の少ない産業機器（経済的実質上のファイナンス・リース）の比率が高いにも拘わらず，会計処理上オペレーティング・リースとしての賃貸借処理が多いという実態が明らかにされた。

　本章では，日本と韓国におけるリース会計基準に含まれる具体的な判定基準の検討をとおして，両国の会計実務に見られる実質的なファイナンス・リースの賃貸借処理を可能にしている分類基準の問題点がどこにあるかが比較検討される。また，日本と韓国の分類基準の特徴の検討にあたり，IAS及びアメリカのリース分類基準の内容が検討される。IAS及びアメリカ基準との対比により日本と韓国の分類基準の特徴がより明確になると思われる。

第1節　リース分類基準と特徴

1　IAS及びアメリカ

　図表1は各国におけるリース分類基準とファイナンス・リースの判定基準を要約したものである。そこで示されるようにIASのE56では，リースをファイナンス・リースとオペレーティング・リースの2つに分類し，ファイナンス・リースとして分類されうる状況をa)～h)の8つの基準に示している[1]。

　アメリカのSFAS13号では，資産の所有権に伴う便益及び危険のすべてを実質的に移転するリースについては，リース利用者側では資産の取得及び債務の負担として，またリース会社側ではセールスタイプ・リースまたはファイナンス・リースとして会計処理しなければならないとし，その他のリースはすべてオペレーティング・リースとして通常の賃貸借処理をするとしている[2]。そのような考えのもとに，リースをリース利用者の立場とリース会社の立場から分類し，また，それぞれについての分類基準を規定している[3]。すなわち，アメリカのファイナンス・リースの判定基準はリース利用者の立場からは，次の4つのいずれかに該当するリースはファイナンス・リースとなり，そのいずれにも該当しないものはオペレーティング・リースとなる。

（a）リース期間終了時に資産の所有権がリース利用者に移転されるリース
（b）割安購入選択権があるリース
（c）解約不能なリース期間が資産の見積経済的耐用年数の75％以上のリース
（d）解約不能なリース期間中の最低リース料支払額の現在価値額がリース開始時におけるリース資産の公正価値の90％以上のリース

　また，リース会社の立場からは，上記のリース利用者の立場からの分類基準（a）から（d）の内いずれか一つと，次の基準（e）及び（f）の両方に該当する場合はセールスタイプ・リースまたはダイレクト・ファイナンス・リースに分類される。セールスタイプ・リースとは，リース会社に製造業者あるいは販売業者としての損益を生み出させるファイナンス・リースであり，リース開始

時におけるリース物件の公正価値がその取得原価あるいは帳簿価額と異なることにより損益が生ずる。ダイレクト・ファイナンス・リースとは，このような製造業者あるいは販売業者としての損益を生み出させないリースでありその場合の取得原価あるいは帳簿価額と公正価値はリース開始時には等しい。

(e) 最低リース料支払額の回収可能性が合理的に予測しうること

(f) リースに基づいて将来リース会社が負担しなければならない費用で他から補填されないものについて重要な不確実性がないこと

IASとアメリカにおけるリース分類基準の相違点として次の四点が指摘される。

第一に，アメリカでは，リースの分類をリース利用者とリース会社に区分し，それぞれの分類を示しているのが特徴である。IASはリース利用者及びリース会社を区別せず2つのリースの種類のみを示している。

第二に，ファイナンス・リースの判定基準の中でSFAS13号では，リース期間が資産の見積経済的耐用年数の75％以上であるか，あるいは最低支払リース料が，投資税額控除額を超えるリース資産の公正価値の90％以上という基準を満たす場合にはファイナンス・リースとして分類されるに対し，IASでは，リース期間が資産の経済的耐用年数の大部分を占めている場合，あるいは見積現金購入価額がリース資産の公正価値と実質的に一致する場合に，ファイナンス・リースとして分類される。

第三に，SFAS13号に含まれるリース会社側からのファイナンス・リースの判定基準としての (e) と (f) の基準がIASには含まれていない。(e) の基準は，リース会社がリース債権を認識・計上するために必要な基準である。リースをリース会社の立場からファイナンス・リースとしてのセールスタイプ・リースあるいはダイレクト・ファイナンス・リースに分類するということはリース物件の所有に伴う便益とリスクがリース利用者に移転されることを意味する。リース会社の立場ではリース物件資産が減少し，リース債権が計上される。その場合，リース債権の回収可能性が合理的に予測できなければならない。リース取引において通常の信用上のリスク以外のリスクが存在する場合に

図表1　各国のリース分類基準

国名	リースの分類	ファイナンス・リースの判定基準
IAS	・ファイナンス・リース ・オペレイティング・リース （E56, par. 7）	a) 所有権移転基準 b) 割安購入選択権基準 c) リース期間が経済的耐用年数の大部分を占める d) 見積現金購入価額がリース資産の公正価値と実質的に一致する e) 解約に関するすべての損失はリース利用者の負担となる f) 残存資産の公正価値変動による損益はリース利用者に属する g) 割安差異リース権基準 h) リース資産がリース利用者のみ使用できる特別性質を有する （E56, par. 9）
アメリカ	—リース利用者側— ・ファイナンス（キャピタル）・リース ・オペレイティング・リース —リース会社側— ・セールスタイプ・リース ・ダイレクト・ファイナンス・リース ・レバレッジド・リース ・オペレイティング・リース （FASB13号 par. 6）	—リース利用者及びリース会社— a) 所有権移転基準 b) 割安購入選択権基準 c) 経済的耐用年数の75%基準 d) 見積現金購入価額の90%基準（現在価値基準） —リース会社— e) リース料回収可能性の合理的予測基準 f) リース会社負担費用の確実性基準 （FASB13号 pars. 7, 8）
日本	・ファイナンス・リース ・所有権移転ファイナンス・リース ・所有権移転外ファイナンス・リース ・オペレイティング・リース （実務指針二）	a) 所有権移転基準 b) 割安購入選択権基準 c) 特別仕様物件基準 d) 見積現金購入価額のおおむね90%基準（現在価値基準） e) 経済的耐用年数のおおむね75%基準 （実務指針二の2）
韓国	・ファイナンス・リース ・オペレイティング・リース （リース会計処理基準第4条）	a) 所有権移転基準 b) 割安購入選択権基準 c) 経済的耐用年数超過基準 （リース会計処理基準第4条1, 2, 3項）

は，回収可能性が合理的に予測可能であるとはいえず，したがって，このような場合にそのリースをセールスタイプ・リースまたはダイレクト・ファイナンス・リースとして分類することは適当ではないとされる[4]。(f)の基準は，リース取引に関わる収益認識上の不確実性に関連する。すなわちこの基準はリース会社が収益を認識する前に収益獲得過程が実質的に完了されるべきであるという収益認識基準の性格をもつ。リース資産の移転に伴う利益を認識する時にはこの基準を充足しなければならない。リース会社の提供が完了していない状態でそのリースをファイナンス・リースとし，リース会社の帳簿からリース物件を除去しそれに伴う収益を認識することは適切な会計処理方法にはならない[5]。したがって，収益獲得過程で負担すべき費用について重大な不確実性が存在する場合，リース契約上のリスクが高いためファイナンス・リースとして分類しないでオペレーティング・リースとして分類すべてある。日本及び韓国でも (e) (f) の二つの基準を採択していない。

　第四に，図表1で見られるようにIASではアメリカで規定されていない次の4つの基準が含まれている。e) 解約に関するすべての損失はリース利用者の負担となる基準，f) 残存資産の公正価値変動による損益はリース利用者に属する基準，g) 割安再リース権基準，h) リース利用者のみ使用できる特別リース資産物件基準である。以上の4つの基準の内 (h) の基準は日本の特別仕様物件基準と同様と思われるが，この基準については，アメリカでも，SFAS13号に関する第一次公開草案の段階では，キャピタル・リース（ファイナンス・リース）の判定基準の一つとして特別仕様基準が設けられていた。しかし，特別という概念は相対的なものであって客観的に定義することが困難であり，リース物件が特別仕様という事実それ自体によってフルペイアウトとなることを証明するものではない，という理由で削除された[6]。

2　日　　本

　企業会計審議会の「リース会計基準」では，リース取引をファイナンス・リースとオペレーティング・リース取引の二つに分類している。そして，ファイ

ナンス・リース取引を「リース契約に基づくリース期間中の中途において当該契約を解約することができないリース取引またはこれに準ずるリース取引で，リース利用者が，当該契約に基づき使用するリース物件からもたらされる経済的利益を実質的に享受することができ，かつ，当該リース物件の使用に伴って生ずるコストを実質的に負担することになるリース取引[7]」と定義する。そこでは，「解約不能」と「フルペイアウト」という条件が明示されている。また，日本公認会計士協会の「実務指針」では，ファイナンス・リース取引を「所有権移転ファイナンス・リース（リース物件の所有権がリース利用者に移転すると認められるリース）」と「所有権移転外ファイナンス・リース（リース物件の所有権がリース利用者に移転すると認められるもの以外のリース）」に分けている[8]。そして，所有権移転ファイナンス・リースの具体的な判定基準について次のように定めている[9]。

a) リース契約上，リース契約終了後またはリース期間の中途で，リース物件の所有権がリース利用者に移転することとされているリース取引

b) リース契約上，リース利用者に対して，リース期間終了後またはリース期間の中途で，各目的価額またはその行使時点のリース物件の価額に比して著しく有用な価額で買い取る権利が与えられており，その行使が確実に予想されるリース取引

c) リース物件がリース利用者の用途等に合わせて特別の使用により制作または建設されたものであって，当該リース物件の返還後，リース会社が第三者に再びリースまたは売却することが困難であるため，その仕様可能期間を通じてリース利用者によってのみ使用されることが明かなリース取引

所有権移転外ファイナンス・リース取引の具体的な判断基準としては，次のd) e) が規定されている。

d) 解約不能のリース期間中のリース料総額の現在価値が，当該リース物件をリース利用者が現金で購入するものと仮定した場合の合理的見積金額のおおむね90%以上であること

e）解約不能のリース期間が当該リース物件の経済的耐用年数のおおむね75％以上であること

　日本では，ファイナンス・リースとオペレーティング・リースの二つに分類し，さらにファイナンス・リースを所有権移転ファイナンス・リースと所有権移転外ファイナンス・リースとに区分しているのが特徴である。

　所有権移転外ファイナンス・リースであっても中途解約禁止とフルペイアウトという２つの条件を満たさねばならない。所有権移転外リースをファイナンス・リースとする日本の判定基準はSFAS13号に含まれる経済的耐用年数75％基準と公正価格90％基準と同じものであるが「おおむね75％」「おおむね90％」の表現に見られるように若干の幅をもたせている。さらに，日本ではアメリカで規定されている４つの基準以外に特別仕様物件基準を含めているのが一つの特徴である。

3　韓　　国

　韓国のリース会計処理基準は「リース期間の中途において当該契約を解約することが実質的にできないリース取引で，次の各項の条件のうち１つ以上を満たす場合にはファイナンス・リースとし，その他のリースはオペレーテング・リースとして分類する。この場合，リース期間終了時点で解約不能で再リースの約定がある場合にはその再リースを含めて，第１項ないし第３項の規定を適用する[10]」とし，第１項ないし第３項を次のように定めている。

第１項：リース期間終了時，リース物件の所有権を無償または一定の価額でリース利用者に移転するよう約定した場合。

第２項：リース物件の廉価購入選択権（割安購入選択権）がリース利用者に与えられた場合。

第３項：リース期間がリース物件の経済的耐用年数を超過する場合。

　また，韓国の法人税法基本通則2-3-56では，リースの分類基準についてリース会計処理基準に規定されている第１項の所有権移転基準及び第３項の経済的耐用年数基準を同様に規定している。第２項の割安購入選択権基準については

「リース期間終了時，リース物件をリース開始日現在の取得価額の10％未満で購入する権利がリース利用者に与えられる場合，または同取得価額の10％未満を再リース元金にして再リースする権利がリース利用者に与えられる場合[11]」と規定し，リース会計処理基準に比べ，割安購入選択権実行可能日の予測公正価値や著しく低い価額などについて具体的に規定している。

第2節　リース分類基準の問題点

1　日本における問題点とその検討

日本のリース会計基準はファイナンス・リースを「解約不能」と「フルペイアウト」という実質的特質によって規定している。しかしながら，所有権の移転の有無による所有権移転ファイナンス・リースと所有権移転外ファイナンス・リースの区分はリース会計の基本的方向と矛盾するように思われる。なぜならば，日本のリース会計基準上での所有権移転の有無による区分は，所有権移転外ファイナンス・リースとして分類されるリースについての賃貸借処理を容認しているからである[12]。そこでの容認規定の主たる内容は，所有権移転外ファイナンス・リースについての賃貸借処理にともなって必要とされる財務諸表への注記事項を規定するものである。

リース資産化の範囲を確定する基本的な方向は，法的形式よりも経済的実質を優先する。このことは，リースの主目的が所有権の移転にあるのではなく，目的物の使用及び収益にあるとする認識に基づいている。にも拘わらず，日本のリース会計基準においては，資産化の範囲を確定する際に，所有権という法的形式が経済的実質に優先した形で重要な要因として機能し，ディスクロージャーの方向性を規定する実質的な基礎になっている。

第3部2章図表4はリース会計基準の公表後の日本におけるリース取引の会計処理実務についての実態調査結果を示したものである。対象企業は東京証券取引所に上場されているリース会社8社である。集計結果によれば，所有権移転外ファイナンス・リースが取引総額の94.8％を占めており，また5％はオペ

レーティング・リースが占め，所有権移転外ファイナンス・リースはすべて賃貸借処理がなされている。

また，第3部2章図表5では，リース利用企業をニューヨーク証券取引所に上場している日本企業9社に限定し，リース会計処理の実態についての調査結果を要約した。図表5によれば，総支払リース料としてのリース取引高に占める所有権移転外ファイナンス・リースの比率は93％であり，他の7％はオペレーティング・リースである。所有権移転外ファイナンス・リースのすべてについて賃貸借処理がなされている。このようなリース取引状況のなかで，リース物件に対する所有権の移転有無によって所有権移転ファイナンス・リースと所有権移転外ファイナンス・リースとに分類する意味はないと思われる。賃貸借処理から資産化処理への転換を図ることを目的としたリース会計基準の公表にあたり，オンバランス効果をメリットとするリース利用者側の強い反対があった[13]。そのことをふまえて，日本のリース会計基準は，ファイナンス・リースについては資産化処理を原則としながら所有権移転外ファイナンス・リースについては賃貸借処理を採用することを認めざるをえなかったといえる。リース利用企業の多くが，実質的な所有権移転ファイナンス・リースをも所有権移転外ファイナンス・リースとして分類し賃貸借処理を採用しているのが実情である[14]。

また，日本では，所有権移転ファイナンス・リースの具体的な判定基準の一つとして，特別仕様物件リースを定めている。特別仕様物件基準は，「リース利用者の用途等に合わせて，特別の仕様により製作または建設されたリース物件であって，当該リース物件の返還後，リース会社が第三者に再びリースまたは売却することが困難であるため，その使用可能期間を通じてリース利用者によってのみ使用されることが明らかなリース取引」[15]はファイナンス・リース取引として分類する基準である。しかしながら，ここでいう特別仕様とは税務上売買として扱う取引を想定しているが，実務においては，一部部品を交換することによって第三者に転用が可能なものも少なくない[16]。また，日本の「リース通達53」でも特別仕様の専用物件であっても，リース期間経過後に当該リ

ースが返還されまたは廃棄されることが明かなリース取引は売買ではなく，賃貸借処理が認められている[17]。特別仕様物件基準を他のファイナンス・リース判定基準と同列に扱うことは妥当ではないとおもわれる。アメリカ基準においても特別仕様基準が削除されていることについては前節の1.で指摘した。

2 韓国における問題点とその検討

　前述したようにアメリカと日本では，解約不能のリース期間中のリース料総額の現在価値が当該リース資産の購入価額またはリース利用者に対する現金販売価額の90％以上か否か（以下，現在価値基準）及び解約不能のリース期間が当該リース物件の経済的耐用年数の75％以上か否か（以下，経済的耐用年数基準）がフルペイアウトに該当するかどうかを判定するための基準である。フルペイアウトとは，リース利用者がリース物件の使用に伴う「ほとんどすべてのコストを負担すること」及び「ほとんどすべての経済的利益を享受すること」のいずれもが満たされる場合をいう。アメリカと日本では両者を表裏の関係として考え，前者が成立すれば後者の成立は推定され，その逆も同様であるとして，いずれかに該当すればフルペイアウトであると判定される。

　解約不能なリース料総額の現在価値とは，リース料総額から利息相当額を控除した金額であり，リース物件の取得価額のうちリース料に算入されて回収がほぼ確実に図られている金額を意味する。これがリース物件の価額の90％以上であれば「ほとんどすべてのコストを負担」していると見なしてフルペイアウトと判定するのが現在価値基準である。また，経済的耐用年数とは，リース物件の使用可能予測期間である。解約不能なリース期間とは，特定のリース利用者が，リース物件を占有して使用するほぼ確実な支配期間であるため，これが経済的耐用年数の75％以上であれば「ほとんどすべての経済的利益を享受」していると見なしてフルペイアウトと判定する。

　現在価値基準と経済的耐用年数基準は，一方の基準に該当すればもう一方の基準に該当することが予定されているが，実際には判定結果の不一致が生じることもある。このような場合は，基本的に現在価値基準が経済的耐用年数基準

に優先する[18]。アメリカと日本では現在価値基準がフルペイアウト判定の原則的な基準と考えられているが，現在価値の算定には複雑な割引計算が必要であり，とくに割引金利と購入価額の両方を推定する必要のあるリース利用者の実務負担という問題がある。現在価値算定の複雑さ及びリース利用者の実務負担等の問題は，韓国が現在価値基準を採択しない理由でもある[19]。

韓国のリース会計処理基準第4条3項では，ファイナンス・リースの一つの判定基準として経済的耐用年数超過基準が採択されている。このような超過基準を判定基準として適用する場合，リース利用者はリース期間をリース物件の経済的耐用年数より若干短く契約することで，リースを分類基準上オペレーティング・リースとして分類することができる。実際のリース取引がファイナンス・リースの要件になるフルペイアウトであるにもかかわらずオペレーティング・リースに分類すれば，結果的にオフバランスの会計処理が容認されることになる。その結果，ファイナンス・リースであるにもかかわらずオペレーティング・リースとして分類することによって，リース会社の経済的実質を適切に反映できず，リース会社の期間損益を歪めることになる。第二章でみられたように，韓国のリース取引の中心は産業設備であり，それらリース物件の汎用性も中古市場もほとんどないため，リース会社はその投資額及び公正な収益をリース期間中に全額回収（フルペイアウト）しようとする。このようなフルペイアウトに要するリース期間はリース資産の経済的耐用年数を超過すると見なすよりも75％前後とみなすのがより現実的であると思われる。また，航空機や大型コンピュータ等，巨額の資金調達の必要性から発達したレバレッジド・リースのような残存価額付きリースについては，75％を大幅に越えてもフルペイアウトにならないケースもあり，その際には，基本リース料の現在価値がリース資産公正価値のおおむね90％基準により判定を行うべきである。

お わ り に

リース分類基準とその特徴は，各国の基準ともリース取引がリース資産の所有に伴うすべてのリスクと便益を実質的に移転するかどうかに基づくアプロー

チを採用している点は同様である。しかし，韓国のリース会計処理基準におけるリース分類の判定基準をIASのE56及びSFAS13号ならびに日本のリース会計基準と比較した場合，所有権移転基準と割安購入選択権基準は同様であるが，その他の判定基準については次のような違いが見られる。第一に，韓国ではリース料の現在価値基準が採用されていない。第二に，日本では含まれる特別仕様物件基準が採用されていない。第三に，経済的耐用年数超過基準が採用されている。

また，日本と韓国におけるリースの分類基準はそれぞれに固有の問題を抱えている。日本では，ことに，所有権移転ファイナンス・リースと所有権移転外ファイナンス・リースの区分を導入し，所有権移転外ファイナンス・リースの存在を重要視しながら，その会計処理として賃貸借処理を容認することにより，会計実務におけるリース物件の資産化を阻害していることが指摘できる。

また，韓国においては，総リース料の現在価値が見積現金購入価額の90％（あるいはおおむね90％）以上とする現在価値基準が採用されていない点においてリース分類基準の不充分さが指摘され，また，リース期間をリース物件の経済的耐用年数期間を超えない範囲に設定することにより，ファイナンス・リースをオペレーティング・リースとして処理することを可能にしている点が問題点として指摘できる。

両国のリース分類基準において共通する問題は，実質的なファイナンス・リースの賃貸借処理を容認している点にある。リース会計基準が早くから整備されているアメリカにおいても，オフバランス効果のメリットを重視するリース利用者側がファイナンス・リースとしての判定基準を満たさないように契約内容を操作する傾向が見られる[20]。アメリカでのリース会計処理の実態においても賃貸借処理は圧倒的に多い[21]。

実質的にファイナンス・リースの性質をもつリース取引の売買処理としての会計処理を促進するには，利用者側の恣意的な操作を認めないより客観的な分類基準の設定が必要と思われる。たとえば，1年を超えるリース期間のリース取引についてはすべてファイナンス・リースとしてその資産化を要求すること

が一つの方策として考えられる[22]。

1) IASC, Exposure Draft 56, Leases, 1997 par.9.
2) FASB, Statement of Financial Accounting Standard No.13, *Accoun-ting for Leases*, 1976, par.6.
3) *Ibid.*, par. 7.
4) *Ibid.*, par. 89.
5) 金星基『現代中級会計』茶山出版社，1986，571頁。
6) FASB, *op. cit.*, par. 74.
7)「リース取引に係る会計基準」二。
8)「実務指針」一。
9)「実務指針」二の2。
10) リース会計処理基準 第4条。
11) 法人税法通則 第56条 第2号。
12)「リース取引に係る会計基準」三。
13) 茅根聡「リースの情報開示とその問題点―リース会計基準適用初年度の結果を踏まえて―」『経営論集』第25巻第2号，110頁。
14) 茅根聡，前掲稿，123頁。
15) リース取引の会計処理及び開示に関する実務指針，一の2.の（1）。
16) 茅根聡「リース会計実務指針の適用上の課題」―借手企業のファイナンス・リースを中心に―旬刊経理情報編集部編『リース会計実務のすべて』中央経済社，1994年，125頁。
17) リース通達昭53，二。
18) 戸藤龍浪「リース会社側の会計処理」『リース会計実務のすべて』中央経済社，1996年，93頁。
19) 李重熙『リース会計』経文社，1988年，106頁。
20) 茅根聡「アメリカにおけるリース会計基準をめぐる相克―FASB No.13に対する反応を中心に―」『地域分析』25巻2号、65頁。
21) 青木茂男「米国におけるリースオンバランスの実態」『東京国際大学論業商学部編第49号第3号，1994年3月，14頁。
22) IASC, *op. cit.*, Appendix 4, par. 4.

第4章 リース会計基準適用上の問題

は じ め に

本章では，アメリカ，日本，韓国のリース会計処理基準について，リース利用者側とリース会社側とに区分し，ファイナンス・リースとオペレーティング・リースの会計処理基準を比較し，日本と韓国の処理基準の特徴をアメリカとの対比によって明らかにし，両国のリース会計実務への処理基準適用上の固有の問題が検討される。

第1節 リース利用者側の会計処理基準

1 ファイナンス・リースの会計処理基準

ファイナンス・リースの場合，リース物件の所有権に伴うリスクと便益がリース利用者に移転するため，リース利用者はリース資産を計上し，減価償却を行う。リース開始日にはリース資産に対応する負債を同時に計上し，リース期間中，支払リース料のうち元金償還部分に該当する価額と利息部分に該当する価額を区分して会計処理する。図表1は各国におけるリース利用者側のファイナンス・リースの会計処理基準を要約したものである。

① リース資産及びリース債務の計上について

アメリカでは，リース契約の開始時にリース期間中の支払リース料の現在価値額（リース資産の管理費用及び税金等を除く）または当該リース資産の公正価値のいずれか低い金額で資産と負債に計上する[1]。この点は日本でも同様であ

図表1　リース利用者側のファイナンス・リースの会計処理基準要約

	アメリカ「SFAS13号」	日本「実務指針」 所有権移転	日本「実務指針」 所有権移転外	韓国「リース会計処理基準」
①リース資産及びリース債務の計上	・最低支払リース料の現在価値または当該リース資産の公正価値のいずれか低い金額で計上 「par. 10」	・リース会社の購入価額等 ・リース料総額の現在価値と見積現金購入額のいずれか低い額による 「三の1.の（1）」	・リース料総額の現在価値とリース会社の購入価額等のいずれか低い額 ・同左 「三の2.の（1）」	・基本リース料総額から利息相当額を差し引いた額 「第16条①」
②支払リース料の処理	・債務の残高に対する期間利子率が一定になるよう債務減少部分と支払利息部分とに分けて処理 「par. 12」	・利息相当額部分とリース債務の元本返済額部分とに区分して処理 「三の1.の（2）」	・同左 「三の2.の（1）」	・基本リース料はアメリカ及び日本と同じである。調整リース料は発生主義に依拠して 「第17条①，②」
③リース資産の減価償却	・自己所有資産に対する償却方法に準じて償却 ・見積経済的耐用年数で償却する方法とリース期間で償却する方法がある。 「par. 11」	・自己の固定資産に適用した方法と同一の方法 ・耐用年数は経済的使用可能予測期間 「三の1.の（5）」	・定額法，級数法，生産高比例法等の中から ・耐用年数はリース期間 ・残存価額は零として減価償却費相当額 「三の3」	・他の資産と同一な方法で償却 「第16条②」

るが，しかし，日本では所有権移転外ファイナンス・リースについては所定の注記を行うことを条件として賃貸借処理を認めている[2]。所有権移転外ファイナンス・リースの場合，当該リース物件のリース会社の購入価額が明かな場合には，リース料総額の現在価値とリース会社の購入価額等のいずれか低い額による。明かでない場合には所有権移転ファイナンス・リースの場合と同様である[3]。韓国のリース会計処理基準では，リース契約上支払うべき基本リース料総額を適正な利息率で割り引いた価額（リース会社が当該リース取引に適用した

割引率）を資産と負債に計上する[4]。

② 支払リース料の処理について

リース期間中の各年度のリース料の支払額の処理はリース債務の残高に対する期間利子率が一定になるよう，利息相当額部分と債務元本返済部分とに分けて処理する。この支払リース料の処理は各国同様である。

③ リース資産の減価償却について

リース利用者は貸借対照表に計上した資産を償却しなければならない。この場合，償却期間をリース物件の経済的耐用年数にすべきかそれともリース期間にすべきかという問題がある。

アメリカではリース利用者側に所有権が移転するか割安な購入選択権があるリースについては見積経済的耐用年数で，その他の場合はリース期間で償却される[5]。日本の場合，所有権移転ファイナンス・リース取引においては，自己の固定資産と同一の方法により経済的使用可能予測期間を耐用年数とする[6]。しかし，所有権移転外ファイナンス・リース取引については，リース期間を耐用年数とし，残存価額を零として減価償却費相当額を算定する。再リース期間を判定に含めている場合には，耐用年数に加算する[7]。韓国では，リース利用者の固定資産と同一な方法で減価償却を行う[8]。

以上にみられたように，リース利用者側におけるファイナンス・リース取引の会計処理について，日本では所定の事項を財務諸表に注記することにより賃貸借処理を行うことができることとしている点と減価償却の処理方法がアメリカ及び韓国と異なる。日本のリース会計基準では注記による賃貸借処理を実務に適用する場合の注記の省略と簡略化に関する重要性の原則の適用を認めている。重要性の原則を適用する場合の判断基準は次のようである[9]。

① 重要性の一般原則の適用により，減価償却資産のうち重要性の乏しいものは，購入時に費用として処理する方法が採用されているので，ファイナンス・リース取引についてもリース物件の価額が小額なものについては，資産計上または注記を省略することが認められる。

② 所有権移転外ファイナンス・リース取引について賃貸借処理を行う場

合，資産計上または注記が省略できるケースとして，リース期間が1年未満のリース取引と重要性の乏しいリース取引を挙げている。「実務指針」では，どの程度の金額を省略できるかについて判断する数値基準として，重要性の一般原則の適用によりリース物件の価額が少額であると判定される取引，およびリース契約1件当たりのリース料総額が300万円未満の取引を示している。

③　資産情報としてのリース物件の取得価額相当額および負債情報としての未経過リース料から控除される利息相当額の算定に当たり，未経過リース料の期末残高÷(未経過リース料の期末残高＋有形固定資産の期末残高) 算式に基づく割合が10％未満の場合には，リース料総額及び期末における未経過リース料からこれに含まれている利息相当額の合理的な見積額を控除しないことができる。

また，日本では，減価償却方法について残存価額を零として減価償却相当額を算定するという点に特徴がある。すなわち，「実務指針」三の2では，所有権移転ファイナンス・リースについては自己の固定資産と同一の方法により減価償却費を算定するのに対して，所有権移転外ファイナンス・リースについては，リース期間を耐用年数とし，残存価額を零として企業の実態に応じた減価償却相当額を算定するとされている。

リース利用者は，リース期間経過後リース物件をリース会社に返還することになるので，自己のその他の固定資産と同様に税法の規定に準じて残存価額を10％とする定率法による償却を適用することはできない。このため日本では，所有権移転外ファイナンス・リース取引については，企業の実態に応じて，自己の固定資産と異なる償却方法を選択することを認めているものと解釈される[10]。

2　オペレーティング・リースの会計処理基準

オペレーティング・リースの場合，リース物件の所有権に伴うすべての便益とリスクがリース利用者に移転されるわけではないため，リース利用者はリース物件を資産として貸借対照表に計上しないし，減価償却の会計処理も行わな

い。その代わりに賃貸借取引に係る方法によって費用を認識する。

　アメリカのSFAS13号では，通常，オペレーティング・リースのリース料はリース期間を通じてそれが債務となったときに費用に賦課するものとする。リース料の支払が定額でない場合でも費用としてのリース料は定額で認識されなければならない[11]。日本では，通常の賃貸借取引に係る方法によることを規定している[12]。通常，リース料の支払は契約に基づき月額均等であることが多い。したがって，リース料は各月の支払額を製造原価または販売費及び一般管理費として計上する[13]。韓国の会計処理基準では，原則的にリース期間にかけて均等に配分された金額を費用として処理する[14]とされている。

　リース利用者側におけるオペレーティング・リース取引の会計処理について，各国では同様に費用として処理している。

第2節　リース会社側の会計処理基準

1　ファイナンス・リースの会計処理基準

　リース会社は，ファイナンス・リース取引について，リース物件の売上債権の計上とその回収として会計処理する。ファイナンス・リース取引がリース会社によるリース物件の販売として認識されるため，リース会社はリース開始日にリース物件の減少とこれに対応するリース債権の増加を記録しなければならない。この場合ファイナンス・リース債権をどのように評価すべきか，また，リース期間中収益はどのような基準に基づいて認識されるかが問題となる。

　① リース債権の計上について

　アメリカではファイナンス・リースの場合，リース債権の計上額はリースに対する総投資額である。リースに対する総投資額は，受取リース料（管理費用及び利益が含まれている場合にはそれを控除した純額）とリース会社の利益として発生するリース物件の残存価値の合計額である。この総投資額と総投資額の現在価値あるいは購入原価または帳簿価額との差額は未実現利益として計上する[15]。リースに対する純投資額は総投資額から未実現利益を控除したものであ

る。

　日本の「実務指針」では「リース債権の計上価額は，リース会社の当該物件の購入価額等による。リース物件をリース利用者の使用に供するために支払った付随費用がある場合は，これを加算した額による」[16]とされている。韓国の場合にも，リース会社はリース資産の取得原価相当額をファイナンス・リース債権として会計処理する[17]。

　② 収益の認識について

　アメリカでは，リースに対する総投資額とその現在価値との差額（セールスタイプ・リースの場合）あるいは総投資額とリース資産の原価または帳簿価額との差額（ダイレクト・ファイナンス・リースの場合）が未実現利益として計上され，総投資額から未実現利益を控除したものが純投資額とされるが，純投資額に対する期間収益率が一定になるよう，リース期間にわたって未実現利益が取り崩され利益に繰り入れられる[18]。

　日本では，リース料総額と見積残存価額の合計額からリース債権の計上価額を控除した受取利息相当額は，売上総利益に相当する。損益計算書では，受取リース料をリース物件の売上高と売上原価とに区分して処理するか，または，リース物件の売買益等として処理する方法が認められている[19]。前者では，受取リース料をリース物件の売上高として処理し，当該金額からこれに対応する売買益相当額（利息相当額）を差し引いた額（元本回収額）をリース物件の売上原価として処理する。後者では，受取リース料を売買益相当額（利息相当額）部分とリース債権の元本回収部分とに区分計算し，利息相当額部分をリース物件の売買益等として処理し，リース債権の元本回収部分をリース債権の元本回収額として処理する。

　また，韓国において収益の認識は，ファイナンス・リースに対する受取リース料は元本と利息部分に区分され，元本部分はリース債権の減少として処理され，利息部分はリース会社の収益として計上される[20]。

2 オペレーティング・リースの会計処理基準

オペレーティング・リースは本来賃貸借として認識されるためリース会社はオペレーティング・リース資産の取得及び減価償却並びに収益などに対する会計処理を行うことになる。これらの会計処理方法について各国では次のように規定されている。

① リース資産の計上について

アメリカではオペレーティング・リース資産は、貸借対照表上で、固定資産に含めて表示する[21]。日本では、オペレーティング・リース取引については、通常の賃貸借取引に係わる方法に準じて会計処理を行う」[22]としている。したがって、日本においてリース資産は貸借対照表上固定資産に含まれる。また、韓国でもリース資産はリース開始日現在の取得原価をリース資産として貸借対照表に計上する[23]。

② リース資産の減価償却について

リース資産の減価償却についてアメリカでは、リース会社の通常の減価償却方法に従って減価償却し、貸借対照表において、償却累計額はリースに対する投資額から控除する[24]。日本では、リース会社が採用する通常の減価償却方法は、同一種類の自己所有有形固定資産に準じ、見積耐用年数期間にわたって、会社の採用する減価償却方法により計算される[25]。韓国でも、他の資産と同様に経済的耐用年数にわたって定額法、定率法その他合理的な方法で行う[26]。

③ 収益の認識について

アメリカにおいてオペレーティング・リースにおけるリース料は、リース期間を通じてリース条項に従って受取債権となった時点で収益として認識する。しかし、リース料が定額基準でない場合でも収益は定額基準で認識する[27]。日本ではリース契約期間に基づくリース契約上の収受すべき月当たりのリース料を基準として、その経過期間に対応するリース料を計上する[28]。韓国では、オペレーティング・リースの収益は元本部分と利息部分の区分なしで発生主義によりリース期間にわたって均等に配分された金額で計上する[29]。

第3節　リース会計基準適用上の問題点とその検討

1　日　　本

(1) 注記によるディスクロージャーの問題点

「リース取引に係る会計基準」三では，リース利用者側での所有権移転外ファイナンス・リース取引について，次の①～④を財務諸表に注記することを条件として賃貸借処理を認めている。

① リース物件の取得価額相当額，減価償却累計額相当額及び期末残高相当額
② 未経過リース料期末残高相当額
③ 当期の支払リース料，減価償却費相当額及び支払利息相当額
④ 減価償却費相当額及び利息相当額の算定方法

これらの事項の財務諸表への注記によるディスクロージャーにより，リース取引についての情報内容が補完され，実質的にオンバランス化による情報開示に匹敵する情報開示がなされると思われる。しかしながら，注記情報は財務諸表の補足情報であり，財務諸表本体の構成要素への計上を不必要とすることにはならない。また，情報の企業間比較，国際的比較の観点からも，同一の性質をもつリース取引について統一的な会計処理が望まれる。

「リース取引に係る会計基準」のさらに重要な問題点は，その注解（注3）での注記の省略の規定である。すなわち「リース期間が1年未満のリース取引及び企業の事業内容に照らして重要性の乏しいリース取引でリース契約1件当たりの金額が少額なリース取引については，注記を省略することができる」[30]。とし，重要性の原則の適用を認めている。「実務指針」では，この規定をうけ「実務指針」六（重要性の判断基準）では，ファイナンス・リースについての賃貸借処理を行う場合の注記の省略を，リース契約1件当たりのリース料総額（維持管理費用相当額のリース料総額に占める割合が重要な場合には，その合理的見積額を除くことができる。）が300万円未満の取引に限定している。これらの規

第4章　リース会計基準適用上の問題　167

図表２　日本のリース物件別契約件数及び契約額

種類＼区分	リース契約件数及び割合（％）	リース契約額（百万円）	1件当たりのリース契約額（万円）
情報関連機器	700,152（49.5％）	1,811,471.7	258
うち電算機及関連機器	(445,792)（31.5％）	(1,583,390.1)	(355)
通信機器	(254,360)（18.0％）	(228,081.6)	(89)
事務用機器	281,496（19.9％）	440,282.0	156
産業機械	48,839（3.5％）	537,715.9	1,100
工作機械	8,591（0.6％）	94,032.5	1,094
土木建設機械	7,573（0.5％）	88,256.7	1,165
輸送用機器	112,032（7.9％）	287,545.4	256
うち自動車	(103,453)（7.3％）	(223,303.2)	(215)
船舶	(128)（0％）	(3,041.4)	(2,376)
その他	(8,361)（0.6％）	(61,200.8)	(732)
医療機器	33,000（2.3％）	156,119.3	473
サービス用機械・設備	153,438（10.9％）	674,731.8	439
商業用機械・設備	(91,246)（6.5％）	(364,463.9)	(399)
その他	(62,192)（4.4％）	(310,267.9)	(499)
その他	69,360（4.9％）	208,408.7	300
合計	1,414,481（100％）	4,298,564.0	(303)

・資料：リース事業協会の平成8年4月から8年10月までのリース月次統計調査により作成

定により，1件当たりのリース料総額300万円未満のファイナンス・リース物件は注記なしに賃貸借処理されうることになる。

　日本の場合，リース利用率が高い物件の1件当たり金額が300万円未満になることが多い。図表2は，日本のリース事業協会が調査した最近（平成8年4月～平成8年10月）のリース物件別契約件数及び契約額を要約したものである。そこでみられるように，通信機器，事務用機器，自動車はいずれも1件当たり契約額は300万円未満であり，かつ，それらリース物件の契約件数の割合は相

対的に大である。第3部2章の図表2でも指摘されたように、情報関連機器および事務用機器は日本のリース機種別契約額のほぼ50%以上を占める。これらのことから、多くのファイナンス・リース契約が注記省略の対象となりうる。さらに、図表2では不明であるが、リース契約額に含まれる維持管理費用相当額の合理的見積額を控除するならば、相対的に契約件数の多い物件についてさらに多額のファイナンス・リース取引高が注記省略の対象となると推測できる。

(2) ファイナンス・リース取引の賃貸借処理の税効果

リース利用者が所有権移転外ファイナンス・リースを賃貸借処理することを容認することに伴い、売買処理と賃貸借処理のいずれを採用するかにより期間的法人税額及びその現在価値が異なるという問題が指摘される。

以下で、リース取引に係わる会計処理の税効果を設例により分析する。

設例）次の条件のリース契約を仮定する（金額の単位は千円）
  ・所有権移転条項等もしくは割安購入選択権なし
  ・リース資産（リース負債）　　　100,000
  ・リース期間　　　　　　　　　　5年（年1回後払い）
  ・年額リース料　　　　　　　　　24,000（5年120,000）
  ・減価償却法（残存価額ゼロ）　　定額法
  ・経済的耐用年数　　　　　　　　6年
  ・リース利用者の追加借入利子率　年利6.4%
  ・法人税　　　　　　　　　　　　37.5%

この場合のリース取引は所有権移転条項または割安購入選択権がなく、またその他の所有権移転にかかわる契約上の条件もないため、所有権移転ファイナンス・リースには該当しない。所有権移転外ファイナンス・リース取引に該当するかどうかについては、現在価値基準によるかそれとも経済的耐用年数基準により判定する。この場合のリース取引は現在価値基準および経済的耐用年数

図表3　リース取引の法人税効果比較表（リース利用者側）

(単位：千円)

年度	賃貸借処理			売買処理				
	費用		法人税効果	費用			法人税効果	
	リース料	法人税	現在価値	支払利息	減価償却費	計	法人税	現在価値
1	24,000	9,000	8,459	6,400	20,000	26,400	9,900	9,305
2	24,000	9,000	7,950	5,273	20,000	25,273	9,477	8,371
3	24,000	9,000	7,472	4,075	20,000	24,075	9,028	7,495
4	24,000	9,000	7,022	2,799	20,000	22,799	8,550	6,671
5	24,000	9,000	6,600	1,453	20,000	21,453	8,045	5,900
計	120,000	45,000	37,503	20,000	100,000	120,000	45,000	37,742

注：現在価値はリース利用者の追加借入利子率6.4％によって割り引いた数値である。

基準を満たすため所有権移転外ファイナンス・リース取引に該当する。リース利用者側が有利なキャッシュ・フローを選好すると仮定して，リース利用者の立場から法人税効果を計算すれば図表3のようになる。

　図表3に示されるようにリース利用者が上記の所有権移転外ファイナンス・リース取引を賃貸借処理する場合，リース期間全体で37,503千円の法人税軽減効果が現れ，売買処理する場合には37,742千円の軽減効果が現れる。リース期間の全体についての費用及び法人税額は賃貸借処理と売買処理とで差異はないが，法人税支払額の現在価値は異なる。また，売買処理による場合，賃貸借処理に比較し税軽減効果はリース期間の初期に大となる。リース利用者側では法人税によるキャッシュ・フローの現在価値への期間的影響からみて賃貸借処理をするよりは売買処理した方がより合理的であると言える。

　会計基準上賃貸借処理と売買処理の恣意的な選択を容認することによって，リース利用者がオフバランス効果を期待して従来から選好してきた賃貸借処理に傾けるような方向性を提示するべきではないと思われる。

2 韓　　国

(1) オペレーティング・リース取引における減価償却方法と資金調達コスト

　第3部第3章で指摘されたように，韓国の場合，リースの分類基準が不充分であることからリース取引の実態がファイナンス・リースであるにもかかわらず殆どがオペレーティング・リース取引として契約され会計処理されている現状がある。経済的実質がファイナンス・リースである取引を賃貸借処理することに伴うリース利用者側の情報開示の不充分さは日本の場合と同様である。さらに加えて，韓国の場合，リース会社の側でのオペレーティング・リースとしての賃貸借処理は，減価償却費及び資金調達コストとの関連で，経常利益額の算出を期間的に不合理なものとすることが指摘される。以下では，オペレーティング・リース取引として処理される場合におけるリース会社側の減価償却方法，資金コスト，期間利益の関係を問題点として取り上げ，その検討を行う。

　韓国のリース会社はリース物件の取得に必要な資金をほとんど社債の発行を通じて調達する。「貸与法」7条の3では，「リース会社は財務長官の許可を得て資本金及び積立金その他剰余金の合計額の10倍の範囲内で社債発行ができる」と規定している。すなわち，リース会社はこの規定に従って自己資本の10倍以内の範囲で社債を発行することができる。実際，韓国のリース会社の資金調達の中で社債の比率は通常90％に達している[33]。これらの資金調達コストとしての発行社債に対する支払利息は，リース資産の減価償却費と共に期間費用として収益に対応させられねばならない。オペレーティング・リースを行った場合，リース会社の受取るリース料は元本と利息要素部分を区別せずに期間収益として計上され，このようなリース収益に減価償却費と社債利息とが費用として対応させられる。

　韓国のリース会計処理基準第5条3項ではオペレーティング・リースに対する減価償却方法について「当該資産の経済的耐用年数にわたり定額法，定率法，その他合理的な方法による」と規定している。しかし，オペレーティング・リース資産を定額法あるいは定率法で減価償却を行う場合に生ずる期間利益への影響が問題となる。なぜならば，リース収益で回収されるべき費用には

リース資産の減価償却費に加えて資金調達費用が含まれるが，借入資金の返済と共に資金調達費用である支払利息が逓減し，他方減価償却費が均等的あるいは逓減的に発生する場合，リース収益が毎期一定であっても期間利益はリース期間の初期にはより一層小さく，期間の経過につれより一層大きくなるからである。

このように，オペレーティング・リース取引の損益が歪曲される現状を韓国のリース会社はかなり深刻に受けとめている。李魯昌の実証研究によれば，より合理的な損益現象をもとめてリース会計処理基準に従わないで別途の財務諸表作成の必要性を考えているリース会社は多い[34]。このようなオペレーティング・リース取引の損益に関する歪みを改善するためには毎年度の減価償却費が増加していく逓増償却方法を採用することが一つの方策である。償却基金法は，ファイナンス・リース料に含まれる利息額分（図表4-①の利息）を除いた元本回収額分に等しくなる減価償却費を計上する方法である。償却基金法がリース会計処理基準で規定される減価償却の「その他の合理的な方法」に当てはまるか否かは明示されていないが，リース期間にわたって期間利益を平準化する効果をもつ減価償却方法がリース会社の会計実務において要望される。

(2) 償却基金法の意義についての設例

以下で設例により，オペレーティング・リース資産のリース会社側での償却基金法による会計処理が損益に及ぼす影響を検討する。そこでは次の（A）（B）の条件が仮定される。

　（A）リース条件　　　　　（単位ウォン）
　　リース資産取得原価　　100,000
　　リース資産残存価額　　　　0
　　年額リース料　　　　　25,000（年1回後払い）
　　利子率　　　　　　　　年7.8％
　　リース期間　　　　　　5年

図表4-①　受取リース料計画

(単位：ウォン)

区　分	受取リース料	元本回収分	利息相当額	未回収元本
第1年度	25,000	17,200	7,800	82,800
第2年度	25,000	18,495	6,505	64,305
第3年度	25,000	19,891	5,109	44,414
第4年度	25,000	21,395	3,605	23,019
第5年度	25,000	23,019	1,981	—
合　計	125,000	100,000	25,000	

図表4-②　借入金償還計画

(単位：ウォン)

年　度	償還額	元　本	支払利息	未償還元本
第1年度	23,739	17,739	6,000	82,261
第2年度	23,739	18,804	4,935	63,457
第3年度	23,739	19,932	3,807	43,525
第4年度	23,739	21,128	2,611	22,397
第5年度	23,739	22,397	1,342	—
合　計	118,695	100,000	18,695	

(B) 借入条件

　借入額　　　　　　　　　100,000

　利子率　　　　　　　　　6％

　元利金5年均等償還　　　1年後払い

図表4-①〜④は分析結果を要約したものである。

　図表4-①の受取リース料計画表は25,000ウォンの受取リース料を7.8％の利率で元本回収部分（取得原価）と利息部分に分解した数値を示している。ファイナンス・リースの場合，リース会社のリース収益は利息部分に限定されるが，オペレーティング・リースの場合，収益は受取リース料の総額となる。

　図表4-②は利率6％で100,000ウォン借入れ，5年均等償還する場合の元本

第4章 リース会計基準適用上の問題 173

図表4-③ 定額法で減価償却法を行った場合の各事業年度の損益

(単位：ウォン)

年　度	リース料収益	減価償却費	支払利息	損　益
第1年度	25,000	20,000	6,000	△1,000
第2年度	25,000	20,000	4,935	65
第3年度	25,000	20,000	3,807	1,193
第4年度	25,000	20,000	2,611	2,389
第5年度	25,000	20,000	1,342	3,658
合　計	125,000	100,000	18,695	6,305

図表4-④ 償却基金法で減価償却を行った場合の各事業年度の損益

(単位：ウォン)

年　度	リース料収益	減価償却費	支払利息	損　益
第1年度	25,000	17,200	6,000	1,800
第2年度	25,000	18,495	4,935	1,570
第3年度	25,000	19,891	3,807	1,302
第4年度	25,000	21,395	2,611	994
第5年度	25,000	23,019	1,342	639
合　計	125,000	100,000	18,695	6,305

部分と利息部分とを示している。オペレーティング・リースの場合，リース会社の費用にはリース資産の減価償却費と共に借入金の支払利息部分が算入され，元本の償還部分は借入金の返済として処理される。

　図表4-③はリース会社が現行のリース会計処理基準に従って定額法で減価償却費を計上した場合の期間損益を示している。そこでは図表4-②で示された借入金の支払利息部分が費用に算入されることにより，期間損益は初年度には1,000ウォンの損失となり5年度には3,658ウォンの利益となる。

　図表4-④は償却基金法で減価償却費を計上する場合の期間損益を示してい

る。そこでの減価償却費は図表4-①の受取リース料の元本回収部分と等しくなり，リース資産の取得原価がリース期間にわたり逓増的に配分されることにより，逓減的に発生する支払利息の期間損益に及ぼす影響を緩和する。

ファイナンス・リースの場合，リース会社の期間損益は図表4-①の受取リース料の利息部分と図表4-②の借入金の支払利息との差額であり，その価額はオペレーティング・リースの場合の期間損益を図表4-④により算出した価額と等しくなる。すなわち，償却基金法の適用により実質的にファイナンス・リースの会計処理と等しい期間利益の算定が可能となる。オペレーティング・リースの場合にも，収益・費用の対応という点を考慮するならば，減価償却方法として償却基金法を適用することによって，資金調達コストを含めた期間費用の変動を緩和し，一定の収益との対応を図ることが合理的である。

おわりに

日本における実務への基準適用上の問題として，注記によるディスクロージャーに伴う問題とファイナンス・リース取引のリース利用者側での賃貸借処理の選択を容認することに伴う法人税の現在価値軽減効果が取り上げられ分析された。

所有権移転外ファイナンス・リース取引を賃貸借処理し，所定の事項を財務諸表に注記することによる情報開示はオンバランス化による情報開示の次善的方策であり，注記により財務諸表本体への開示が不必要とはならない。また，財務諸表の企業間，国際間比較の観点からも，同一の性質をもつリース取引についての統一的な会計処理が必要である。日本のリース会計処理基準のより重大な問題点は，リース契約1件当たりのリース料総額が300万円未満の取引について注記省略を容認する規定である。日本のリース物件別契約件数及び契約額の実体からみて，多くの所有権移転ファイナンス・リースが所定の注記なしに賃貸借処理されていることが読みとれる。

また，法人税現在価値軽減効果についての設例分析により，賃貸借処理に比較し売買処理がより合理的であることが指摘された。会計基準において賃貸借

処理と売買処理の恣意的な選択を容認することによって，リース利用者がオフバランス効果を期待して従来から選好してきた賃貸借処理に傾けるような方向づけをすべきではない。

　韓国では，リースの分類基準の不充分さからその実体がファイナンス・リースである多くのリースがオペレーティング・リースとして契約され会計処理されている現状がある。韓国における実務への基準適用上の問題として，リース会社側でのオペレーティング・リースとしての会計処理が原価償却費及び資金調達コストとの関連で，利益額の算出を期間的に不合理にすることが指摘され，その改善策が検討された。

　韓国のリース会社の多くはリース物件の取得に必要な資金を社債発行により調達する。収益としての受取リース料に費用としてリース資産の減価償却と共に社債発行による資金調達コストとしての支払利息が対応させられる。減価償却方法として定額法あるいは低率法が適用され，支払利息が借入資金の返済と共に低減する場合，リース収益が毎期一定であっても期間利益はリース期間の初期にはより小さく，期間の経過につれより一層大となる。このようなオペレーティング・リース取引の損益の期間的歪みを改善すべき方策として，逓増的償却方法である償却基金法の採用が主張された。償却基金法は受取リース料から利息相当額を控除した元本回収分に等しくなる減価償却費を毎期計上する方法である。オペレーティング・リースの場合に償却基金法を適用することにより，リース会社の期間損益はファイナンス・リースとしての処理による期間損益（受取リース料の利息部分と支払利息との差額）に等しくなる。すなわち，償却基金法の適用により実質的にファイナンス・リースの会計処理と等しい期間利益の算定が可能となる。オペレーティング・リースの場合にも，収益・費用の対応という点を考慮するならば，減価償却方法として償却基金法を適用することによって資金調達コストを含めた期間費用の変動を緩和し，一定の収益との対応を図ることが合理的である。

　　1）FASB, SFAS No.13, Accounting for Leases, 1976, par.10。

2）実務指針 四の3。
3）実務指針 三の1.の（1），三の2.の（1）。
4）リース会計処理基準 第16条①。
5）SFAS No.13, par.12.
6）実務指針 三の1の（5）。
7）実務指針 三の2の（5）。
8）リース会計処理基準 第16条2項。
9）実務指針 六の1。
10）小宮山賢「リース取引の会計処理及び開示に関する実務指針の解説」新井清光編著『リース取引会計基準詳解』中央経済社，1995年，116頁。
11）SFAS No. 13, par. 15.
12）「リース取引に係る会計基準」四の1。
13）坂本道美「オペレーティング・リース取引に係る会計処理および開示基準」『リース取引会計基準詳解』中央経済社，1995年，67頁。
14）リース会計処理基準 第15条。
15）SFAS. No. 13, par. 17（a），（b）。
16）実務指針 三の1の（1）。
17）リース会計処理基準 第8条，第9条。
18）SFAS No. 13, par. 17（b），18（b）。
19）実務指針四の1の（2）。
20）リース会計処理基準 第9条。
21）SFAS No. 13, par. 19.
22）「リース取引に係る会計基準」四の2。
23）リース会計処理基準 第5条，第6条。
24）SFAS No. 13, par. 19（a）.
25）「リース取引に係る会計基準」四の2。
26）リース会計処理基準 第5条。
27）SFAS No. 13, par. 19（b）.
28）「リース取引に係る会計基準」四の2。
29）リース会計処理基準 第6条。
30）「リース会計基準注解」（注3）。
33）金栄俊「改正リース会計基準の争点」『月刊公認会計士』韓国公認会計士会，1993年6月号，38頁。
34）李魯昌「リース会社の損益測定に関する研究」『全南大学学位論文』1992年，78-80頁。

第5章　リース会計基準の税務上の課題

はじめに

　リース取引はその契約の実質的内容の違いによりファイナンス・リースとオペレーティング・リースとに大別され，それぞれの会計処理は大きく異なる。リース取引の経済的実質に応じ，ファイナンス―リースには売買処理が，オペレーティング・リースには賃貸借処理が適用される。その会計処理の相違により，法人税の対象となる課税所得の大きさが左右される。リース取引の一般的特徴は賃貸借処理による節税効果であり，それはレッシー側にもレッサー側にも生じる。

　税務上の原則として「課税の公平」が重要しされるが，レッシー側及びレッサー側でのリース取引の節税手段としての利用は課税上の弊害とされている。

　本章では，リース取引の節税効果との関連を中心にレバレッジド・リースの特徴とその会計基準の検討がなされる。

第1節　リース取引とその節税効果

　リースは，明記された一定期間のリース料の見返りとして，賃貸人（以下，レッサー）所有の特定資産を特定期間にわたって使用する権利を賃借人（以下，レッシー）に与えることに同意する両者間の契約である。リース期間が耐用年数に比べて非常に短いものをレンタルといい，レッサーがリース物件の価格変動リスクを負担して，レンタルよりは長いが一契約では購入原価が償還できる

ほどではない市場相場に依存したリース料で繰り返して営業することで儲けようとするリースをオペレーティンク・リースという。

また，比較的長いリース期間にわたってその金利を含めた原価の大部分を償還するリース料でリース期間中解約禁止したものはファイナンス・リースである。リース取引は，形式上は賃貸借であっても実質上は金融性のあるファイナンス・リースを前提としている[1]。

日本の「リース取引に係わる会計基準」（企業会計審議会，1993年）では，リース取引を「特定の物件の所有者たるリース会社が，当該物件のリース利用者に対し，合意された期間（リース期間）にわたりこれを使用収益する権利を与え，リース利用者は，合意された使用料（リース料）をリース会社に支払う取引」[2]と定義している。また，法人税法では，「リース取引に係わる法人税及び所得税の取扱いについて」において，「現在広く一般的に行われているいわゆるファイナンス・リースについては，その経済的実質において一般の賃貸借と異なる面を有していることから，これを一般の賃貸借と同様に取扱うことに課税上弊害のあるものも認められるので，個々のリース取引の経済的実質に応じてこれを売買取引等として取扱う」と述べ，リース取引を，次の (1) 及び (2) のいずれにも該当する賃貸借契約に係わる取引と定義づけている[3]。(1) 賃貸借期間（リース期間）が定められており，そのリース期間中に支払われる賃借料の額の合計額が，少なくとも，賃貸をする法人におけるその契約の対象となった物件の取得価額及びその取引に係わる付随費用の額の合計額のおおむね全部を支弁するように定められていること。(2) リース期間中における契約の解除が禁止されていること。

リース取引の経済的実質に応じて賃貸借取引と売買取引とを区別して取扱う場合，その会計処理も異なり，法人税の対象となる課税所得の大きさが左右される。

リースの賃貸借処理による税効果メリットはことに償却年数より短い期間のリースのレッシーに生じる。レッシーがリースでなく借金してその物件を購入使用する場合に損金処理できる項目は，金利と償却費である。金利はレンダー

と取り決めた条件があり，償却費は税法上償却年数が決められているので，定率法にしても期間損益計算上計上できる損金には限度がある。しかし，この物件を所有権が移転しないファイナンス・リースで借りた場合，リース料の総額は原価のおおよそ全部が償還できる価額になっておりレッシーはこれを全部経費で落とせるので，リース期間をリース物件の法定耐用年数より短く設定することにより期間費用が多く計上される[4]。

　このような賃貸借処理による節税効果はリース取引の一般的特徴であり，レッサー側にも生じる。大きな節税効果をレッサー側で利用できるタックス・オリエンテッド・リースの典型的な形態としてレバレッジド・リースがある。レバレッジド・リースはレッサーとレッシーとの間に長期資本の貸与者が介在する形態であり，大口のリース契約に利用される。以下の諸節でレッサーの節税効果との関連を中心にレバレッジド・リースの特徴とその税務上の取扱いが検討がなされる。

第2節　レバレッジド・リースの特徴と構造

　レバレッジとは,「梃の作用」という意味で密接不分離の関係のあるAとBについて，Aを増加させるとBが有利または不利な影響を及ぼすことをレバレッジ効果という。レバレッジ効果で特に重要なのは資本調達において他人資本の調達が自己資本利益率に及ぼす影響である。このためレバレッジ効果は，他人資本の利用によって自己資本利益率を高めることを意味する[5]。

　レバレッジド・リースとは，課税所得を継続して生み出している企業が，名目的なレッサーとなるだけでなく，税務上も，物件の所有者となることにより発生する税務上の恩典を，リース料の低減という形で還元する仕組みをもつ。

　レバレッジド・リースの大きな特徴は，レッサーが必要とする資金の一部（20％程度）を投資するだけで，税務上の特典を100％利用できる点にある[6]。

　日本では1985年頃から日本型レバレッジド・リースが出現した。日本型レバレッジド・リースは，物件のリース期間を法定耐用年数より長く設定すること

により，リース料収入を低くし，結果として，物件の減価償却費がリース期間の当初においてリース料収入を大きく上回ることから，節税効果をもたらし，レッシー側でも低いリース料でリースを利用できるというメリットを生み出すという仕組みである[7]。

日本のリース会社がレバレッジド・リースに参加した最初のケースは，1981年6月に行われたキャセイ航空への旅客機のオーストラリア型レバレッジド・リースであった。その後，日本のリース会社は，国際取引において，レバレッジド・リースにしばしば参加したが，その機能はすべて，長期資金提供者としてであり，直接レッサーの立場で税務上のメリットを享受しょうとするものではなかった。日本では，レッサー側に投資減税のような処置は講じられていないことから行われていなかったが，1985年頃から，日本型レバレッジド・リースが出現した[8]。

日本のレバレッジド・リースにおけるレッサーと出資者との関係は，商法第535条から542条に定める匿名組合方式と民法第667条から688条に定める任意組合方式とによっている。

匿名組合契約とは，当事者の一方が相手方（営業者をいい，通常，リース会社をさす）の営業のために出資を行い，営業者がその営業により生ずる利益を配分することを約する契約をいう[9]。

「匿名組合方式の場合，出資者はリース事業を事業目的とする組合との間で匿名組合契約を締結し，リース物件の20～30％程度を出資する。組合（レッサー）は事業活動から生ずる損益を年度ごとに出資者に分配する。出資者はレッサーの損益分配報告書に従い，出資比率に応じ各々の損益を得る。組合活動はすべてレッサーの名で行われるため，出資者は第三者に対する権利義務はもたない。レッサーは，物件購入代金の20～30％を出資者からの出資金で，残りの70～80％は金融機関から借り入れる。レッシーの支払うリース料はこの借入金の元利返済にそのままあてられ，リース料不払いの場合，出資者は返済の義務を負わない旨の条項がつく。レッサーは，出資金と借入金の合計で，レッシーの希望するリース物件を購入し，レッシーに引渡し，リース料を受け取る」[10]。

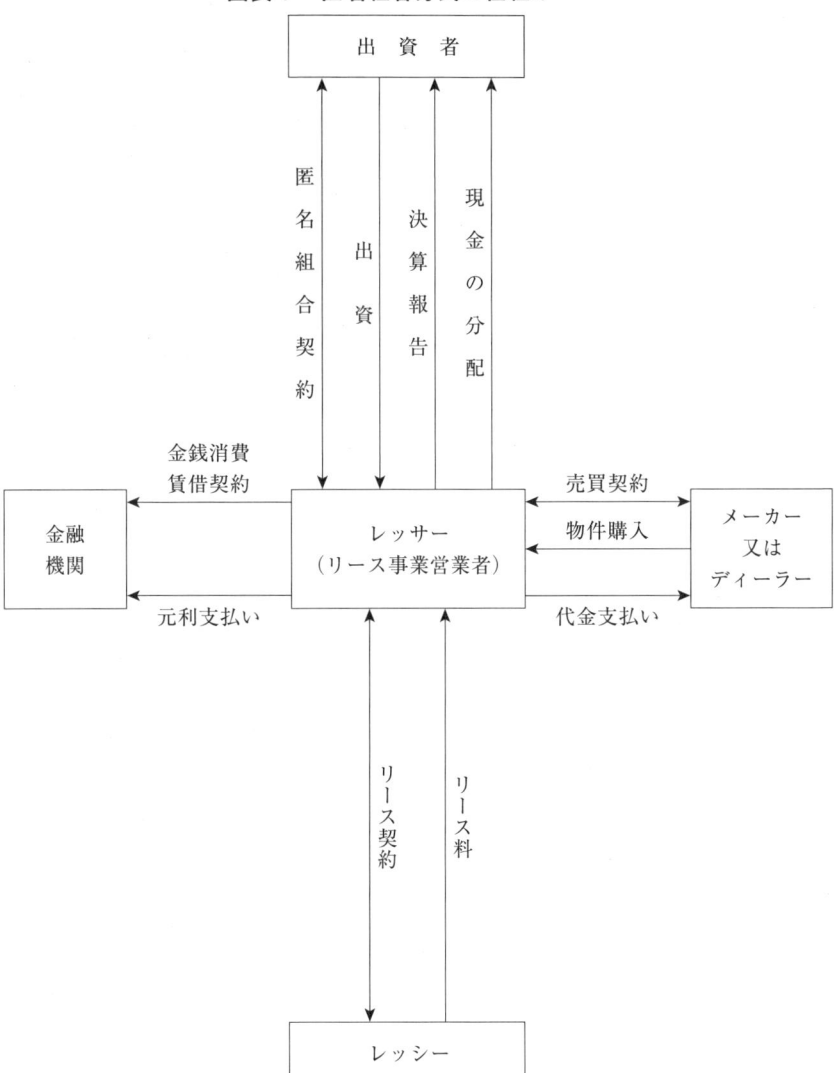

第 5 章　リース会計基準の税務上の課題　*181*

図表 1　匿名組合方式の仕組み

```
                        ┌─────────────┐
                        │  出 資 者   │
                        └─────────────┘
                         ↑   ↑   ↓   ↓
                         匿  出  決  現
                         名  資  算  金
                         組      報  の
                         合      告  分
                         契          配
                         約
  金銭消費                                売買契約
  賃借契約          ┌─────────────┐    ────────      ┌──────────┐
┌──────┐  ←─────   │  レッサー    │                 │ メーカー │
│ 金融 │           │(リース事業  │    物件購入     │  又は    │
│ 機関 │  ─────→   │  営業者)    │   ────────      │ディーラー│
└──────┘           └─────────────┘                 └──────────┘
  元利支払い         ↑          ↑      代金支払い
                     リ          リ
                     ー          ー
                     ス          ス
                     契          料
                     約
                        ┌─────────────┐
                        │  レッシー   │
                        └─────────────┘
```

任意組合とは，複数の当事者が出資をして，共同の事業を営むことを約する組合契約によってつくられる一種の団体をいう。組合契約は，各当事者が出資をなして共同の事業を営むことを約することによってその効力を生じ各組合員の出資その他の財産は総組合員の共有に属することになっている[11]。

　民法上の組合方式と商法上の匿名組合方式を比較すると，任意組合方式の場合は，投資家がその持分割合に応じてレッサーとして直接契約にかかわる点を除いては，出資者に対する経済的効果は基本的には匿名組合方式の場合と同じである。匿名組合方式による出資者，レッサー，レッシー，金融機関，メーカー間の相互関係は図表1のようになる[12]。

第3節　リース取引の節税効果と税務上の取扱い

　法人税の課税所得金額計算に関する規定は，課税所得金額を公平に計算することと，課税所得金額を簡便に計算することができるようにすることを目的としている。税務上の原則として，「課税の公平」が最も重要なものであることはいうまでもないが，リース取引における課税上の弊害として次ぎの3点が指摘される[13]。

① 自己が固定資産を取得し使用する場合の減価償却費より，リースによる場合の支払リース料の方が大きくなり，課税所得を小さくすることができる（オペレーティング・リースで短い耐用年数により使用料が計算されるレッシー側の節税手段としての利用）。

② ファイナンス・リースの場合は，実質上は金融であり，レッシーが所有権を取得して　いると考えられる。しかし，その支払リース料は，代金返済部分，利子部分よりなるが，　代金返済部分は，本来，通常の減価償却費部分が損金とされるべきである（損金算入額　が大きくなるレッシー側の節税手段としての利用）。

③ 長いリース期間による受取リース料が計算され，減価償却費の方が大きくなり，差額　が損として課税所得を小さくする（レッサー側の節税手段として

の利用）。

　以上３つの問題点の中で③はリース物件の法定耐用年数よりも長いリース期間を設定す　ることにより，税金の節税効果が享受できるレバレッジド・リースの代表的な特徴である。

　これらの節税手段に対する税務上の取扱いとして，国税庁の昭和53年通達「リース取引に係わる法人税及び所得税の取扱いについて」，昭和63年「リース期間が法定耐用年数よりも長いリース取引に対する税務上の取扱いについて」がある。昭和53年通達は，リース期間をリース物件の法定耐用年数より短く設定することによるレッシー側の節税手段としての利用（上記①，②のケース）への対応措置としての性格をもち，昭和63年通達はリース期間を法定耐用年数より長く設定することによるレッサー側の節税手段としての利用（上記③のケース）への対応措置としての性格をもつ。

　昭和63年通達では，リース期間が法定耐用年数の120％超のリース取引で，以下のすべての要件に該当するリース取引は，金融取引又は売買取引として取扱われる。その場合，金融取引または売買取引としての会計処理がなされることになり，賃貸借取引に比しその節税効果は小さくなる。

① リース物件の取得が実質的にレッシーにおいて行われていると認められること
② リース期間中のリース料の合計金額がレッサーのリース物件の取得額及び付随費用のおおむね全部を回収するものとして算定されていること
③ リース期間中における中途解約が禁止されていること，あるいは中途解約をする場合　でも，レッシーが，リース期間の未経過期間に対応するリース料のおおむね全部を支払うことになっているか，またはそのリース物件を引き取ることが明らかなこと
④ リース契約に，レッシーが公正な市場価額でリース物件を購入する旨の条項が付されていないこと

　この昭和63年通達は，リース期間が法定耐用年数より長いリース取引を想定しており，レッサーに対応したものであるが，その対象はレバレッジド・リー

スと考えられる。日本では、レバレッジド・リースに関する独自の会計基準は存在せず、実務上、昭和63年通達に従って処理がなされている。

その後、平成10年税制改正において「リース期間定額法関係」の法令と「リース取引に係わる所得の計算関係」の法令が新しく制度化された。

まず、「リース期間定額法関係」は、リース取引（賃貸借取引以外の取引とされるものを除く）の目的とされている減価償却資産で、非居住者又は外国法人に対して賃貸されているもの（これらの者の専ら国内において行う事業の用に供されるものを除く。以下「国外リース資産」という）の償却方法が、次ぎの算式により計算された金額を償却限度額とする「リース期間定額法」とされた[14]。

「算式」

$$(国外リース資産の取得価額 - 見積残存価額) \times \frac{当該事業年度における国外リース資産のリース期間の月数}{国外リース資産のリース期間の月数}$$

上式中の見積残存価額とは、国外リース資産をその賃貸借の終了の時において譲渡するとした場合に見込まれる譲渡対価の額に相当する金額をいう（法令48②）。国外リース資産の償却可能限度額は、その取得価額から見積残存価額を控除した金額に相当する金額とされている（法令61①四）。リース期間定額法とは、定率法または定額法のように法定耐用年数を基礎として減価償却を行うものではなく、リース期間を基礎として行う減価償却の方法である。リース期間定額法における「リース期間」には、基本リース期間のみならず、再リース期間を含むことを明らかにしている。

次に、「リース取引に係わる所得の計算関係」の規定において対象となるリース取引とは、資産の賃貸借で「中途解約禁止」「フルペイアウト」要件を満たすものをいう[15]。また、売買取引として取扱うリース取引は、法人がリース取引をした場合において、そのリース取引が次ぎのいずれかに該当するものまたはこれらに準ずるものであるときは、そのリース資産のレッサーからレッシーへの引渡しの時にそのリース資産の売買があったものとして、各事業年度の所得の金額を計算するものとされる[16]。

① リース資産が無償または名目的な対価で譲渡される。
② リース資産を著しく有利な価額で買い取る権利が与えられている。
③ リース資産が使用可能期間中レッシーにおいて専属使用されるものである。
④ リース資産の識別が困難であると認められるものである。
⑤ リース期間が耐用年数に比して相当の差異があり、かつ、税負担が著しく軽減されているもの。

平成10年の「リース取引に係る各種所得の金額の計算」は、昭和53年通達と昭和63年通達を整備したものであり、リース期間が法定耐用年数に比して相当の差異があるもので、レッサーまたはレッシーの法人税などの負担を著しく軽減することになると認められる場合には売買取引として取扱うと規定している。「相当の差異」とはどの程度の差異であるかは、昭和53年通達と昭和63年通達において、リース期間が次により計算される年数を下回るどうかにより判定することとされている。

① リース期間が耐用年数に比して短い場合（1年未満の端数がある場合には、切捨て）
　イ　耐用年数が10年未満のもの
　　　耐用年数×0.7
　ロ　耐用年数が10年以上のもの
　　　耐用年数×0.6
② リース期間が耐用年数に比して長い場合（1年未満の端数がある場合には、切上げ）
　　耐用年数×1.2

しかしながら、リース期間が耐用年数に比して相当の差異があったとしても、当該レッサーまたはレッシーの税負担を著しく軽減することになると認められないものについては、売買取引として取扱わないこととされている[16]。リース期間が耐用年数に比して短い場合には、支払リース料を損金として処理することにより、同一資産を購入して償却している場合に比し早期償却となり、

課税上の負担の公平さを欠くことになるが，支払リース料の一部（再リース期間を含むリース期間を基礎として計算された適正なリース料の額を超える部分）を前払費用として処理している場合等にはレッシーの期間損益を歪めることにはならず売買取引として処理する必要性はない。

　レッサーの側から問題となるのはリース期間が耐用年数に比して長い場合であるが，この場合レッサー側のリース資産の償却費（定率法による）がリース期間の前半においてリース料収入より大となり，課税所得を減少させることに伴う課税上の弊害が生じうる。しかしながら，レッサーがリース資産の償却費の額について，例えば，リース期間を耐用年数とするリース期間定額法に基づく償却費の額とするなど，リース期間にわたってリース料収入に応じて費用計上しているのであれば，課税上の弊害はなく売買処理として取扱う必要はないことになる。リース期間定額法による減価償却費の計上を規定する「法人税法施行令48①七」はこのような意味をもつと考えられる。

お わ り に

　レバレッジド・リースの特徴は，レッサー側が物件購入代金の70～80％を金融機関から借入ることにあり，レッシーから受取られるリース料はこの借入金の元利の返済にあてられる。レッサー側の賃貸借処理ではリース資産は取得原価で貸借対照表上に計上され，その償却額は損益計算上に費用として計上されるとともに，借入資金についての負債計上とその利息支払分の費用計上がなされる。

　期間損益計算上，収益である受取リース料に費用として減価償却費と支払利息が対応させられる。リース資産の法定耐用年数で定率法による減価償却を行うことにより，減価償却費は低減し，また，借入金の返済により，支払利息も低減する。他方，リース料収益が，一定であることにより，課税所得（期間損益）はリース期間の前期に少な目に計上され，後期に多めに計上されることになる。また，リース期間を法定耐用年数より長く設定し年間の受取リース料を少な目に計上することにより課税所得を減少させることが可能である。

平成10年の法人税施行令の改正は上述の課税所得計算の歪みを是正する意図をもつものであるが，レバレッジド・リースの場合，借入資金に対する支払利息の低減により課税所得が早期に少な目に計上されることによる節税効果は是正されえない。利息支払高の低減に反比例する逓増的減価償却費の計上（償却基金法）の税務会計への導入が要望される[18]。

1) 舟橋克剛著『レバレッジド・リース・日本型』金融財政事情研究会，1995年，1〜2頁。
2) 「リース取引に係る会計基準」一。
3) 「リース取引に係わる法人税及び所得税の取扱いについて」1。
4) 舟橋克剛，前掲書，5頁。
5) 青木茂男編著『現代会計学辞典』税務経理協会，1983年，692頁。
6) 秋山正明『リース会計の実務』中央経済社，277頁。
7) 秋山正明，前掲書，278頁。
8) 秋山正明，前掲書，277-278頁。
9) 商法535条。
10) 秋山正明，前掲書，282-283頁。
11) 民法667-668条。
12) 図表1は秋山正明，前掲書，282頁から引用した。
13) 林　仲宣「設備投資における買取りとリースの有利選択」『税務弘報』1999年9月，75頁。
14) 法人税法施行令48①七。
15) 法人税法施行令136の3③。
16) 法人税法施行令136の3①。
17) 法人税法施行令136の3①。
18) 孫　銀植「韓国リース取引の実態とリース会計処理基準」『経済科学』第45巻第1号，1997年，44-45頁。

索　引

あ行

IAAER ……………………… 9
IAS …………… 7, 12, 14, 16, 20, 26, 146
IASC ………… 7, 8, 9, 10, 12, 19, 26, 105
IASB ……………… 7, 11, 12, 14, 16, 19, 27
IFRS ………………………… 7, 14, 15, 16, 26
IFAC ……………………… 9
IFC ……………………… 9
IMF ……………………… 47, 48
IOSCO …………… 7, 10, 26, 105
ICCAP ……………………… 9
ICPAS ……………………… 64, 65

E32 ……………………… 105, 106
EC ……………………… 11, 27
EU ……………………… 11, 27

ARB ……………………… 118
ASC ……………………… 63
ASB ………… 29, 36, 37, 38, 39, 41, 42
ACT ……………………… 63, 64, 65
APB ……………………… 118
SIC ……………………… 64, 65
SEC ……………………… 10
SAG ……………………… 68
SSA ……………………… 63, 64
SFAS ……………………… 146, 147
SKFAS ……………………… 50
エージェンシーコスト ……… 80, 81
エージェンシー理論 ……… 75, 79, 81
エージェント ……………… 79

FASF ……………… 29, 36, 37, 38, 39
FASB ……………………… 27, 78, 79

OECD ……………………… 9, 47
欧州連合 ……………………… 11
オペレーティングリース … 39, 102, 116, 125, 153

か行

外貨資金 ……………………… 140
会計基準審議会 ……………… 29
会計基準設定機関 …………… 10, 36, 98
会計基準設定主体 …………… 20, 49, 64
会計規範 ……………………… 74
会計業務国際協調委員会 …… 9
会計処理方法 ……… 15, 73, 78, 83, 124
会計方針 ……………… 17, 23, 73, 74
会計方法の選択 ……………… 78
解釈指針 ……………………… 15, 17
解釈指針委員会 ……………… 11, 12
ガイドライン ………………… 9
概念フレームワーク ………… 8, 19
確定決算主義 ………………… 41
課税の公平 ……………………… 177
割賦売買処理 ………………… 131
株式有限責任会社 …………… 61
株主持分変動計算書 ………… 17
貨幣資本概念 ………………… 26
慣習法 ……………………… 95

企業会計基準委員会 ………… 38
企業会計原則 ……… 31, 33, 35, 44, 47, 76

企業会計審議会 …………………… 33, 36
企業集団結合財務諸表準則 ……… 44, 52
基準諮問委員会 ……………………………11
基準設定主体 ………………………………11
起草委員会 …………………………………11
規範理論 ……………………………………78
キャッシュ・フロー計算書 ……… 16, 20
金融商品 …………………………… 15, 69
金融ビッグバン ……………………………29

グローバル資本主義 ………………………8
グローバルスタンダード …………… 7, 29

KASB ………………………………………50
経済協力開発機構 …………………………9
経済的意思決定 …………………… 8, 21, 22
経済的便益 ………………………… 24, 25
計算書類規則 ………………………………34
結合財務諸表 ………………… 52, 53, 55
厳格な統一性 ………………… 93, 100, 102
減価償却相当額 …………………………161
現金同等物 …………………………………24
現在価値軽減効果 ………………………174
現在原価 ……………………………………25
限定的統一性 ………………… 93, 100, 102

コーア・スタンダード ……………………10
公開草案 ……………………………………12
公正なる会計慣行 …………………………33
公認会計士団体 ……………………………8
効率的市場仮説 ……………………………78
国際会計基準 ……………… 7, 8, 12, 27, 44
国際会計基準委員会 ……………… 7, 36
国際会計基準審議会 ………………………7
国際会計研究学会 ………………………10
国際監査実務委員会 ………………………9
国際協力開発機構 …………………………9

国際金融協会 ………………………………9
国際財務報告基準 ………………………12
国際証券取引所連合 ………………………9
国際商工会議所 ……………………………9
国民所得統計 ……………………………21

さ行

財産権アプローチ ………………………117
財団法人財務会計基準機構 ……………29
財務会計基準 ………………………………7
財務管理者協会国際連合 …………………9
財務諸表作成基準 ………………… 29, 30
財務諸表準則 ……………………………31
財務諸表の構成要素 ……………… 24, 25
財務諸表の質的特徴 ……………………22
財務諸表の比較可能性 …………… 10, 19
財務諸表利用者 ………………… 20, 23, 26
財務報告基準 ……………………………13
財務報告制度 ……………………………35

CA …………………………………………61
GAAP ………………………………………76
実現可能価額 ……………………………25
実証理論 …………………………………78
実体資本概念 ……………………………26
支払いリース料 …………………………159
諮問グループ ………………………………9
趣意書 ……………………………………12
重要性の原則 …………………… 76, 161
取得原価 …………………………………25
証券管理委員会 …………………………152
証券取引法 ……………………… 32, 45
正味実現可能価額 ………………… 85, 86
職業会計士団体 ……………………………8
所有権移転外リース … 136, 152, 160, 168
真実かつ公正な概念 ……………………24
真実性の原則 ……………………………76

索　引

正規の簿記の原則……………………76
税効果会計……………………………34
製造間接費……………………………83
成文法…………………………………95
税務会計………………………… 35, 41
世界会計士連盟………………………9
世界標準化………………………8, 11
節税効果……………………………177

相互債務保証…………………………52
相互資金貸借…………………………52
相互担保提供…………………………52

た行

代替的会計処理方法…………………19
ダイレクト・ファイナンス・リース　147
棚卸資産原価…………………………83
単一性の原則…………………………76

賃貸借契約…………………………111
賃貸借処理………………… 40, 41, 161

ディスクロージャー……… 29, 37, 75, 79
ディスクロージャー制度……………38

特別仕様物件基準………………… 153
特別仕様物件リース……………… 153
トライアングル体制………… 34, 36, 42

は行

売買処理…………………… 39, 40, 41
発生主義………………………………21

比較可能性………………… 16, 23, 24
標準処理……………………… 15, 16

ファイナンス・リース　39, 102, 113, 125, 159
物件の担保責任…………………… 131
法人税現在価値軽減効果………… 174
保守主義………………………………97
ポリティカル・コスト………………82
ポリティカル・プロセス……… 81, 82

ま行

見積耐用年数…………………………23
認められた代替的処理………………15
未履行契約………………… 115, 116

無限責任会社…………………………61

明瞭性の原則…………………………76

目的適合性……………………22, 23, 24

や行

有価証券報告書………………………35

予測価値………………………………22

ら行

楽観主義的会計思考…………………97

利益剰余金……………………………17
理解可能性………………… 22, 24
利害関係者………………… 33, 75, 177, 96, 99
リース会計基準…………………… 112
リース会計情報…………………… 111
リース会計専門委員会………… 38, 39
リース会社………… 112, 115, 120, 128
リース期間………………… 132, 133, 154
リース契約………………… 117, 118, 129, 134
リース債権………………… 122, 147
リース債務………………… 120, 121

リース産業……………………………… 130
リース事業……………………………… 129
リース資産………………… 117, 159, 162
リース設備……………………………… 124
リース取引………………………… 127, 134
リース物件………………… 132, 133, 152
リース分類基準………………… 145, 152

リース利用者………… 112, 114, 117, 129
例外処理…………………………… 40, 41
レッサー………………………………… 111
レッシー………………………………… 111
レバレッジド・リース………… 177, 179

掲載論文出典一覧

序章　書下し
第1部
第1章　「国際会計基準の現状」
　　　『大阪産業大学経営学論集』第7巻第1，2合併号，2006年2月。
第2章　「日本の会計制度」
　　　『大阪産業大学経営学論集』第6巻第1号，2004年10月。
第3章　「韓国の会計制度」
　　　『大阪産業大学経営学論集』第5巻第2号，2004年2月。
第4章　「シンガポールの会計制度」
　　　権泰殷編著『国際会計論』創成社，2004年，106～115頁。
第2部
第1章　「会計方法選択の重要性と多様化」
　　　『経済科学』第41巻第4号，1994年3月。
第2章　「会計方法の国際化」
　　　『経済科学』第43巻第2号，1995年9月。
第3部
第1章　「リース会計処理方法の基本問題」
　　　名古屋大学博士学位論文，1997年，4～20頁。
第2章　「リース取引の実態」同上学位論文，21～41頁。
第3章　「リース分類基準の国際的特徴と問題点」同上論文，42～55頁。
第4章　「リース会計処理適用上の諸問題」同上論文，56～74頁。
第5章　「リースの税務上の問題と会計基準」『経済科学』第47巻第4号，2000年3月。

著者略歴

孫　銀植（ソン　ウンシク）
　　　　　韓国ソウル生まれ
1991年　　大阪産業大学経営学部卒業
1993年　　名古屋大学経済学研究科前期課程修了
1997年　　名古屋大学経済学部助手
1998年　　名古屋大学経済学研究科後期課程修了
　　　　　名古屋大学博士（経済）
1998年　　名古屋大学経済学部講師（留学生担当）
2000年　　大阪産業大学経営学部講師
2002年　　大阪産業大学経営学部助教授
2004年～2005年　イギリスブライトン大学海外研究
2006年現在　大阪産業大学経営学部助教授

現代会計の国際化

2006年5月15日　初版第1刷発行

著書　©　孫　銀植（そん　うんしく）

発行者　　菅田直文

発行所　　有限会社　森山書店
東京都千代田区神田錦町1-10林ビル（〒101-0054）
TEL 03-3293-7061　FAX 03-3293-7063　振替口座 00180-9-32919

落丁・乱丁本はお取りかえします　　　　印刷／製本・シナノ

本書の内容の一部あるいは全部を無断で複写複製することは，著作権および出版社の権利の侵害となりますので，その場合は予め小社あて許諾を求めてください。

ISBN 4-8394-2033-5